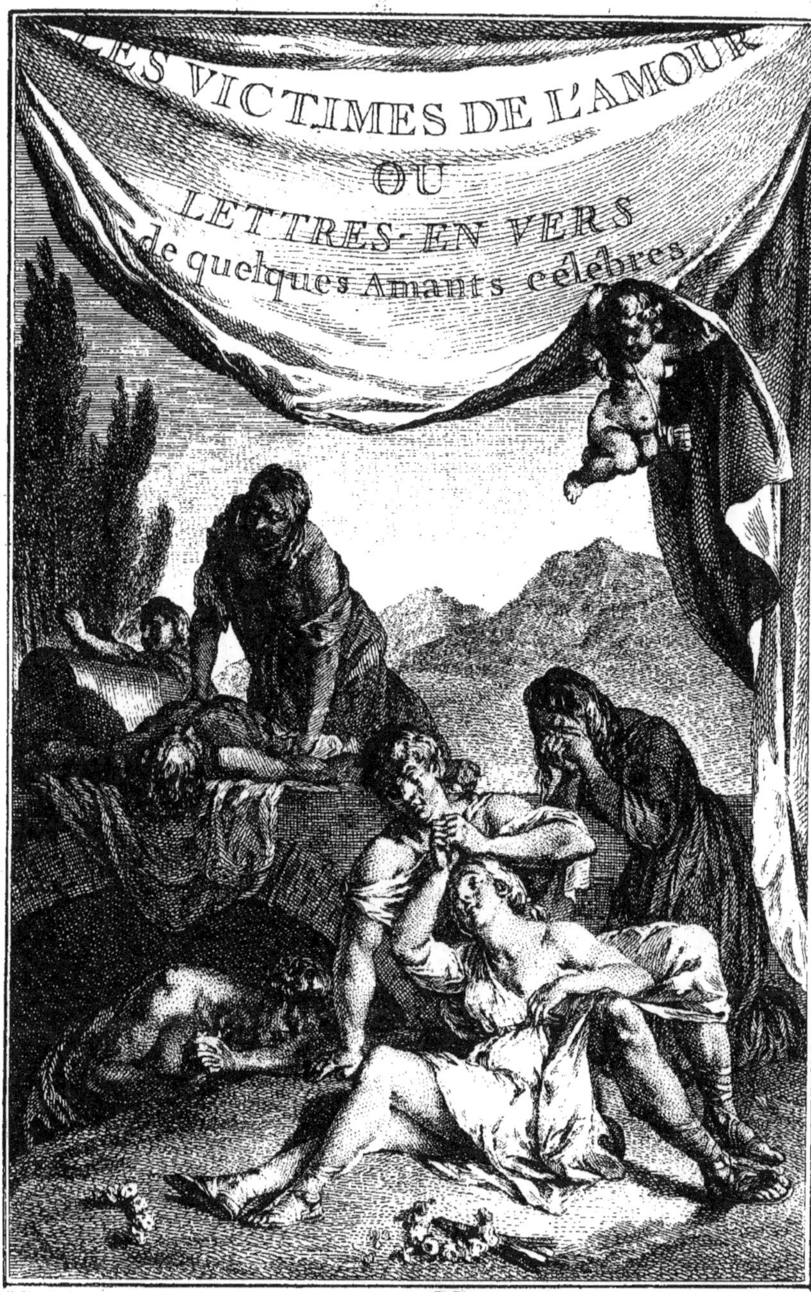

LES VICTIMES DE L'AMOUR

OU

LETTRES EN VERS

de quelques Amants célèbres

LES VICTIMES DE L'AMOUR,

OU

LETTRES

DE QUELQUES AMANS CÉLÉBRES,

PRÉCÉDÉES

D'UNE PIECE SUR LA MÉLANCOLIE;

ET SUIVIES

D'UN POEME LYRIQUE.

A AMSTERDAM,

ET se trouve à PARIS,

Chez DELALAIN, Libraire, rue à & côté de l'ancienne
Comédie Françoise.

M. DCC. LXXVI.

LETTRE

AU MARQUIS DE***

QUOIQUE ces Lettres vous soient déjà connues, je vous les envoie, mon Ami, comme un Ouvrage absolument neuf, & le plus soigné, peut-être, qui soit sorti de ma plume. Je n'ai conservé, dans la plupart, que le titre & le sujet. L'exécution est tout-à-fait différente. Il est telle de ces Epîtres, où vous ne retrouverez pas vingt des anciens Vers conservés.

Je les avois publiées avec cette précipitation que la jeunesse met à tout. C'est la saison de l'ivresse, de l'imprudence & des fautes : c'est alors qu'on préfére les écarts brillants de l'imagination, à l'expression simple d'un cœur profondément ému ; c'est alors qu'on sacrifie, à la recherche de quelques Vers éblouissans, cette liaison insensible d'idées, cet accord de toutes les parties, cette chaleur résultant de l'ensemble ; enfin, cette continuité d'un style pur & vrai, qui met le Lecteur dans l'illusion, & fait disparoître l'effort de l'Ecrivain.

Un âge plus mûr, des réflexions plus suivies, de plus sages conseils, m'ont éclairé sur la foule de mes défauts. J'ai revu d'ailleurs cette production de mes premieres années, dans un de ces momens de la vie,

A ij

4

où, pénétrée d'une tristesse qui lui plaît, l'ame obéit à des impressions qui ne peuvent la tromper; où, se repliant sur elle-même, importunée par les faux jours du bel esprit, elle rejette tout ce qui n'entretient pas ses émotions, tout ce qui ne sert pas à développer, en elle, les sentimens, même douloureux, qui l'occupent & l'attendrissent.

Le goût n'est autre chose, au moins je l'imagine, qu'une sensibilité délicate qui perfectionne en nous les organes de la pensée. Voilà pourquoi, peut-être, il est si rare dans l'effervescence de la jeunesse. Semblable à cette plante susceptible, que le tact le plus léger fait rentrer en elle-même, le goût, incertain & timide pendant le tumulte des passions, attend, pour éclorre, l'instant de leur silence, ou du moins de leur recueillement. Il se rafine, à mesure que l'ame s'épure, quand ses affections se répandent moins & s'approfondissent davantage, lorsque, moins affaissée sous le nombre & la violence des sensations, elle se repose sur celles qui lui donnent des jouissances plus solides, ou lui laissent des souvenirs plus attachans. Quand je cherche à perfectionner mes foibles essais, c'est, sans m'en douter, elle seule que j'écoute. Elle ne me dirige point, elle m'avertit, & je me décide, avec d'autant plus de certitude, que je m'abandonne à son impulsion involontaire, à ce tact précieux & rapide, le juge le plus infaillible, & le critique le moins infidele.

Quoi qu'on puisse dire du genre de ces Lettres, il est trop passionné pour n'être pas intéressant. S'il paroît triste, ce ne peut - être qu'à ces cœurs froids qui ne connoissent pas le charme de la mélancolie. On parcourt, d'un œil superficiel & distrait, les plus riantes compositions de *Vateau*, & l'œil du vrai connoisseur, recueilli dans une attention immobile, ne peut quitter le Déluge *du Poussin*.

Les hommes (a dit un homme de beaucoup d'esprit dans une Lettre à M. Diderot) *les hommes, & parmi eux, les François de préférence, pardonnent tout, se prêtent à tout, pourvu qu'on les amuse. Prodigues de notre gaité, nous sommes avares de nos larmes.* Cette réflexion est, vous le savez, contredite & démentie par l'expérience de tous les jours. C'est par le cri des hommes rassemblés, qu'on peut juger des goûts, des mœurs, de l'esprit d'une Nation, & le Théâtre François seroit peut-être la meilleure Ecole d'un Moraliste. Hé bien ! ce même Théâtre se soutient, sur-tout, par les grands tableaux, par les compositions fortes ou pathétiques. Moliere est beaucoup moins suivi que Corneille. Une Tragédie médiocre fait plus de sensation qu'une bonne Comédie, & le Public d'aujourd'hui n'est point du tout le Public d'autrefois.

Le caractere d'un Peuple est, comme tout le reste, sujet à d'éternelles variations. Sous la main puissante du tems, il se charge d'âge en âge de mille nuances imperceptibles, qui en étouffent à la fin la nuance

primitive & le trait original. Nous ne ſommes cer-
tainement pas ce que nous paroiſſons être. Notre
déſire ſuperficiel, ſur lequel on nous juge, ne va
point, juſqu'au fond de nos cœurs, guérir cette inquiétude qui les agite, ou cette langueur qui les
conſume. Rien ne décele mieux l'ennui de ſoi-même,
& le vuide de l'ame, que ce goût de parades & de
bouffonneries preſqu'indécentes, qui s'eſt intro-
duit dans nos Sociétés.

Après tous les éclats d'une gaieté convulſive,
on eſt tout ſurpris de ſe retrouver triſte. On cherche
un plaiſir plus noble, plus délicat, & l'on court,
pour ſe dédommager d'avoir ri, pleurer avec délices à la repréſentation d'Inès, d'Iphigénie, de Phè-
dre & d'Andromaque.

LA MÉLANCOLIE*

O U

PLAINTES DE MILORD ***

IMITÉES DE L'ANGLOIS.

De mes chagrins profonds, secrets dépositaires,
Grotte obscure, antres sourds, campagnes solitaires,
Où, dans un long effroi, la nature se tait ;
Caverne du silence, où la douleur se plaît ;
Tombe, qu'elle éleva dans ce lugubre asyle ;
Silencieux étang, forêt morne & tranquille ;
Sapins, si tristement élancés jusqu'aux cieux,
Dérobez, s'il se peut, l'univers à mes yeux.
De tout ce qu'on y voit, mon ame importunée,
A ce coin de la terre est à jamais bornée ;
J'y puis errer en paix : dans ces lieux pleins d'horreur,
Tout est calme & desert ; la nature & mon cœur.

Quelle Divinité, majestueuse & sombre,
Descend de ce côteau qui se perdoit dans l'ombre ?
Dieu ! que de noirs soucis sur son front amassés !

---

* Cette Piece a paru dans l'Almanach des Muses, mais il s'y
étoit glissé des fautes, qu'on a fait disparoître.

A iv

Elle marche à pas lents, & ses yeux sont baissés ;
Mais on voit éclater, à travers sa tristesse,
La touchante beauté dont le charme intéresse.
Son aspect, de ces bois redouble encor le deuil,
Et sa bouche s'attache au marbre d'un cercueil.
Tout me dit que c'est toi, Muse mélancolique,
Qui présidas aux nuits du Chantre Britannique,
Et, fuyant la clarté des célestes flambeaux,
Réchauffas, par tes pleurs, la cendre des tombeaux.
Demeure, je te suis... attends-moi... vain prestige !
Un songe m'enchantoit... la vérité m'afflige.
Je me retrouve seul en proie à mes regrets,
Et mes tremblantes mains n'ont saisi qu'un Cyprès.

Toi, qui rendois le calme à mon ame agitée,
Sensible Corilla, quoi ! je t'ai donc quittée !
Ma sombre défiance a passé jusqu'à toi :
Tout, jusqu'à mon amour, s'est tourné contre moi.
Tout me fuit, tout est mort, & je le suis moi-même ;
Je le suis au plaisir qui fut mon bien suprême ;
Au charme de la gloire, à cet instinct brûlant,
Ame de l'héroïsme, & foyer du talent.
La premiere candeur, présent de l'innocence,
La constante amitié... même la bienfaisance,
Ce rayon émané de l'astre qui nous luit,

Hélas ! j'ai tout perdu ; le monde a tout détruit.

Le monde, affreux cahos d'intrigue & d'injuftices,

Où l'intérêt confond les vertus & les vices,

Où l'orgueil effréné dégénere en fureurs,

Où l'efprit perfonnel a defféché les cœurs,

Où le luxe, au front d'or, des cieux atteint la cîme,

Et, de fes pieds d'airain, preffe un immenfe abîme :

O monde, je te hais… j'ai tiré le rideau,

Et j'échappe au danger, par l'horreur du tableau.

Jetté dans tes détours, j'ai vu la perfidie,

Par fon impunité, baffement enhardie,

De mes crédules vœux cherchant à s'emparer,

Approcher de mon cœur, pour le mieux déchirer.

J'ai vu des hommes bas, cruels, fourbes, avides,

A force d'être vils, devenus intrépides,

De honte enveloppés, méchans avec froideur,

Tourner à leur profit jufqu'à leur déshonneur.

J'ai connu l'envieux & fes pâles alarmes ;

Tous mes foibles fuccès ont fait couler des larmes.

La gloire, en me trompant, ne me fuffifoit pas :

Mes amis, les plus chers, furent les plus ingrats.

Je méprifai la haine, & je fus fa victime :

On détefte encor plus l'ennemi qu'on eftime…

Dieu ! combien de ferpens réchauffés dans mon fein,

Pour le prix de mes foins, m'ont foufflé leur venin!

C'eft alors, que, traînant ma vague inquiétude,

J'ai, dans le tourbillon, trouvé la folitude.

Il fallut craindre, hélas! ce que j'avois aimé:

J'ai détourné les yeux, & mon cœur s'eft fermé.

Eh! pouvoit-il s'ouvrir à tous ces vains Sectaires,

Defpotes déguifés, Novateurs téméraires,

Corrupteurs des efprits fous leur joug abattus,

Sous les opinions éteignant les vertus;

Citoyens dangereux, dont l'inquiete audace

Sappe les préjugés, fans rien mettre à leur place;

Qui, fous un air humain, fachant l'art d'immoler,

Oppriment les mortels, qu'il faudroit confoler?

Mais, pourquoi retracer ces funeftes images?

Laiffons dans le lointain gronder les noirs orages.

Entraîné par le cours de ces mourantes eaux,

Au défaut du bonheur, faififfons le repos.

Le repos!... doux menfonge, agréable chimere,

Nous te cherchons en vain, tu n'es point fur la terre.

Je crus toucher au calme, & ce calme eft affreux:

Les cœurs paffionnés font toujours malheureux.

L'imagination, trop fouvent importune,

Sait, par les fouvenirs, prolonger l'infortune;

Et ce cœur douloureux, à lui même livré,

Emporte tous les traits dont il fut déchiré.

Deftin, à mes ennuis permets que je fuccombe!

La vie eft un fommeil qui finit dans la tombe;

Et l'ame, qu'enflammoient des defirs vertueux,

Comme un rapide éclair prend fon vol dans les cieux.

Trop heureux le vieillard, dont l'heure enfin arrive,

Qui, de la mort trop lente entend la voix tardive.

Sur fa tombe paifible, où dorment les douleurs,

Plus d'un infortuné viendra verfer des pleurs.

Après de courts plaifirs, il rend aux deftinées

Des fiecles de tourment... qu'il nommoit des années:

Mais, cent fois plus heureux, qui tombe avant le tems,

Moiffonné fur des fleurs, aux jours de fon printems!

S'il n'a point ceint le myrte, ornement de nos fêtes,

Il n'a point de la vie éprouvé les tempêtes;

Ses fens, par le malheur, n'ont pas été flétris.

Ainfi, dans nos jardins, où folâtrent les ris,

Se détache une rofe, efpérance de Flore,

Et qui s'ouvroit à peine aux rayons de l'Aurore.

Mais, quoi! quel tourbillon, par les vents apporté,

Couvre d'un voile épais le monde épouvanté?

Aux tonnerres des monts, des foudres fouterraines,

Au loin femblent répondre & font gémir ces plaines!

Des profondeurs des bois fort un bruit menaçant!

Ce troupeau consterné s'arrête en mugissant !

Dans le fracas des airs, la nuit inattendue,

Précipitant son char, sort des flancs de la nue ;

L'éclair meurt sur sa trace, en y laissant l'effroi,

Et la vague écumante a monté jusqu'à moi ...

    Je ne redoute rien ! il est un Être juste,

Dont la voix me rappelle à son essence auguste.

Il ne détruira point l'ouvrage de ses mains :

Mon ame va jouir ; elle échappe aux humains.

Oui, je crois au bonheur... mon dernier jour s'acheve ;

L'existence pour moi fut un pénible rêve :

Il finit ... ah ! grand Dieu, je bénis mon trépas,

L'ami de la vertu doit tomber dans tes bras.

.   .   .   .

.   .   .   .

    Tout change ! ce désert se transforme en bocage ;

L'Aquilon, dans les cieux, a dispersé l'orage.

De brillantes vapeurs, enveloppant les monts,

Semblent un voile d'or ceintré sur les valons ;

L'onde, amoureusement, embrasse la verdure ;

La fleur naît, l'oiseau chante, & le zéphir murmure.

Tout me plaît, tout s'anime en ce charmant séjour :

C'est le tranquille Eden embelli par l'amour.

Que vois-je ? mille Amans, enchaînés sur ces rives,

Rappellent, en riant, les heures fugitives ;

S'enivrent à longs traits d'une innocente ardeur,

Et m'offrent à l'envi le tableau du bonheur.

Où suis-je ? quel rayon a deſſillé ma vue !

O tranſports conſolans dont mon ame eſt émue !..

Jeune & ſenſible encor, je puis jouir comme eux :

C'eſt la haine & l'ennui qui font les malheureux !

Corilla, Corilla, je t'adore & tu m'aimes :

Qu'importe l'univers ? N'eſt-il pas en nous-mêmes ?

Pardonne à ce délire, où s'égaroient mes ſens :

Non, je ne hais plus rien, pas même les méchans.

Ame compatiſſante, ame pure & céleſte,

Que m'ont-ils enlevé, ſi ton amour me reſte ?

Je verrai ton ſourire, il m'ouvrira les cieux ;

Un chagrin paſſager n'a point éteint mes feux.

Il eſt tant de plaiſirs que tu ſauras m'apprendre.

Inſtruit, ſauvé par toi, j'en deviendrai plus tendre ;

Et ton regard, ſemblable au jour pur du matin,

Appaiſera le trouble élevé dans mon ſein.

Je ſentirai l'amour ; je connoîtrai l'eſtime :

Je plaindrai le malheur, ſans ſoupçonner le crime.

Je n'étoufferai plus l'indulgente pitié.

Revenez, revenez, plaiſirs de l'amitié !

O ma lyre, chantons tout ce qui m'intéreſſe,
L'héroïſme de l'ame, & même ſa foibleſſe,
L'oubli des ſonges vains qui m'avoient abattu,
L'amour & Corilla, la gloire & la vertu.

LES

VICTIMES DE L'AMOUR,

OU

LETTRES

DE QUELQUES AMANS CÉLÉBRES.

AVIS DE L'ÉDITEUR.

Il y a dix-huit mois à-peu-près que l'Auteur de ces Lettres m'en remit le Manuscrit, & comme il ne paroiſſoit pas dans l'intention de les publier, j'ai cru faire plaiſir au Public en lui en donnant une Edition faite avec tout l'intérêt & le ſcrupule de l'amitié. Ces Lettres peuvent ſe réunir à celles d'une Chanoineſſe : le mélange de ces deux Ouvrages formera un recueil intéreſſant, où l'on retrouvera toutes les expreſſions de l'Amour, ſon trouble, ſon ivreſſe, ſes agitations, les emportemens de ſa jalouſie, le charme de ſes eſpérances, ſon héroïſme & ſa tendreſſe, ſes fureurs & ſa volupté, la violence de ſes peines, & la vivacité de ſes plaiſirs.

LES

P. M.willier. inv.
E. De Ghendt. sculp.

LES
VICTIMES
DE L'AMOUR.

LETTRE I.

ABAILARD A HÉLOISE.

Malheureux ! qu'ai-je fait ! j'ai rallumé ta flâme.
J'ai troublé le repos, qui rentroit dans ton ame ;
Ce cœur, où, malgré moi, le Ciel seul doit régner,
Déchiré par mes mains, recommence à saigner !
Que veux-tu ? comme toi je languis, je soupire,
Je meurs... l'amour sur moi reprend tout son empire :
J'ai gardé trop long-tems un silence orgueilleux,

B

Et ce cœur fatigué s'abandonne à ses feux.

Du sort qui m'accabla , quoi ? la rigueur extrême

A séparé de toi la moitié de toi-même !...

O trouble, ô désespoir ! ardeurs, transports, desirs,

Tout me reste, Hélcïse, excepté les plaisirs.

Cet abandon du Cloître, & son affreux silence,

Tout me livre à moi-même, & m'afflige,& m'offense ;

Malgré tout mes efforts, je ne peux t'oublier.

Dieu me menace en vain, & j'ai beau le prier,

Tu triomphes toujours ; oui, ma main téméraire

Te place, à ses côtés, au fond du Sanctuaire,

Et, quand de toutes parts, regne un muet effroi,

Prosterné devant lui, je n'adore que toi.

   Plus de calme,il me fuit : j'en offre en vain l'image.

Dans le fond de mon cœur j'entens gronder l'orage.

Mais toi… quelle terreur a glacé tes transports ?

Héloïse fidelle a senti des remords !

Des remords,Héloïse !.. est-ce à toi d'en connoître ?

A la voix d'un Amant ils doivent disparoître.

Ah ! qu'ils ne souillent point tes innocens attraits ?

Mets-tu donc ta foiblesse au nombre des forfaits ?

Héloïse, crois-moi , ta flamme est légitime ;

Quelles font nos vertus, si l'amour est un crime ?

Sur l'univers entier jette un moment les yeux ;

Animé par l'amour, l'univers est heureux.

Où suis-je … & qu'ai-je dit? ô Ciel! où m'égaré-je!

A mes profanes vœux je joins le sacrilége!

Arbitre souverain de mon funeste sort,

A mes sens désolés pardonne ce transport.

Tu le sais : abattu sous la haire & la cendre,

D'un trop cher souvenir je voudrois me défendre;

Déchiré devant toi par d'horribles combats,

L'existence pour moi n'est plus qu'un long trépas.

Mon Dieu! lorsqu'à tes loix mon ame s'est soumise,

Je ne t'ai point juré d'oublier Héloïse….

Héloïse!…va, cours, tombe aux pieds des Autels;

Renonce pour jamais à tes feux criminels ;

Que la Religion, t'armant d'un saint courage,

De ton cœur, s'il le faut, arrache mon image,

Mon image trop chere, & qui fait tes tourmens :

Je te remets ta foi, je te rends tes sermens.

C'est moi de qui la main, couronnant ma victime,

Te cachoit sous des fleurs le penchant de l'abîme :

Compte, si tu le peux, tes soins & tes chagrins.

Que de jours orageux pour quelques jours sereins!

Rassemble de l'amour les ennuis & les peines,

Et ses jaloux transports & ses terreurs si vaines;

Mets à part ses douceurs, ses passagers desirs,

Et vois combien ſes maux ſurpaſſent ſes plaiſirs.

Rappelle-toi, ſur-tout, pour affermir ta haine,

Ces jours de deuil, ces jours, où, reſpirant à peine,

Courbé ſous mes malheurs, je m'en fis de nouveaux,

Où, dans tous les mortels, je crus voir des rivaux.

Dévoré, pourſuivi par mes noires alarmes,

Je redoutois en toi la jeuneſſe & les charmes,

Un ſexe trop facile & prompt à s'enflammer;

Je redoutois, ſur-tout, l'habitude d'aimer.

J'en hâtai, chaque jour, l'injuſte ſacrifice;

Songeant à mon repos, je preſſois ton ſupplice;

Je deſirai qu'un Cloître, aſyle redouté,

Pour diſſiper ma crainte, enfermât ta beauté.

Les careſſes, les pleurs d'Héloïſe attendrie,

Rien ne pouvoit calmer ma ſombre jalouſie;

Et, ton amour lui-même augmentant mon effroi,

Je voulus que ton Dieu me répondît de toi.

Oui, de ma propre main, je traînai la victime.

Je te donnois à lui : mais, ô fureur! ô crime!

Retenant mon préſent, arraché de mes mains,

Je te donnois à lui, pour t'ôter aux humains.

Tu me diſois, ordonne, & choiſis ma demeure;

Où veux-tu que je vive, où veux-tu que je meure?

Abailard, je ſuis prête... Et moi, dans ces momens,

Je goûtois le plaisir, au sein de mes tourmens,
Portiques révérés, asyles respectables,
Aux profanes regards dômes impénétrables;
Grace à la piété, qui veille autour de vous,
Combien vous assurez le bonheur d'un jaloux!
Que je fus soulagé de t'y voir renfermée,
Et de te voir soustraite au péril d'être aimée!
J'attendois cet instant, où quelques mots cruels
T'enleveroient à moi, comme à tous les mortels.
Par l'offre de ta dot je parvins à séduire
Celle qui dans ton Cloître exerçoit son empire,
Et cette femme enfin, secondant ton bourreau,
Pour toi, dans un desert, me vendit un tombeau.
Ah! d'un pareil amour n'es-tu pas indignée?
Ne vois-tu pas le piége où tu fus entraînée?
A des transports honteux, cesse de t'emporter,
Et d'aimer un mortel que tu dois détester...
Me détester! qui! moi!... non, ma chere Héloïse...
Non... tu ne le dois pas... ta foi me fut promise.
Je réclame ton cœur, il est encore à moi...
Cent fois plus qu'à ce Dieu... que je trahis pour toi.
Mes douloureux affronts, tes maux que je partage,
Jusqu'aux emportemens de ma jalouse rage:
Tout m'assure à jamais une ame où j'ai régné...

B iij

Je fuis trop malheureux, pour être dédaigné.
Pour moi feul la nature eft affreufe & ftérile :
Ce fépulchre où je vis n'eft pas même un afyle.
Le foleil que toujours je préviens par mes pleurs,
Ne trace pour moi feul qu'un cercle de douleurs.
Je cherche les rochers & les antres funebres,
J'aime à m'enfevelir dans l'horreur des ténébres ;
Je defcends quelquefois dans ces fombres caveaux,
Où triomphe la mort au milieu des tombeaux :
C'eft là qu'anéanti, je me dis en moi-même,
Voilà donc la demeure & l'afyle fuprême,
Le terme où les Amans heureux ou malheureux
Verront s'évanouir leur tendreffe & leurs feux.
De moment en moment, il vient ce jour horrible,
Où la mort glace enfin le cœur le plus fenfible ;
Et c'eft-là qu'Abailard, pour toujours renfermé,
Ne fe fouviendra plus d'avoir jamais aimé…
Là, fe perdent les rangs… les vertus, & les charmes ;
Après de triftes jours, prolongés dans les larmes,
C'eft donc là qu'Héloïfe !…. & foudain oppreffé,
Au milieu des cercueils je tombe renverfé.

    Prends pitié de mes maux, du feu qui me confume,
De ce poifon brûlant, tout aigrit l'amertume ;
Tout me bleffe & me nuit… ah ! pénétre avec moi

Dans les replis d'un cœur qui ne s'ouvre qu'à toi.

Combien je suis changé! moi-même j'en friſſonne,

Je hais & je maudis tout ce qui m'environne,

Et m'applaudis ſouvent de régner dans ces lieux,

Où je ſers de miniſtre à la rigueur des Cieux.

J'appeſantis le joug de mes jeunes victimes,

Ma jalouſe fureur les punit de mes crimes.

J'aime à voir la pâleur de leurs fronts pénitens,

Et l'aſpect de leurs maux adoucit mes tourmens...

Héloïſe! à quel point le déſeſpoir m'égare!

Qui l'eût penſé, qu'un jour je deviendrois barbare!

Tu le ſais, Héloïſe, en des tems plus heureux,

Je fus, ainſi que toi, ſenſible & généreux.

L'indigence jamais ne me fut importune,

J'ouvrois mon ame entiere aux cris de l'infortune.

En vain mes ennemis, ardents perſécuteurs,

Cherchoient à diffamer ma conduite & mes mœurs;

La bienfaiſance, alors, ſûre de mon hommage,

Pour entrer dans mon cœur, empruntoit ton image,

Et, tant que je l'ai pu, dans mes obſcurs deſtins,

J'ai goûté la douceur d'être utile aux humains.

O jours trop fortunés!.. ô jours de mon ivreſſe!

Où je laiſſois, ſans crainte, éclater ma tendreſſe;

Où, rien n'interrompoit ce commerce enchanteur,

B iv

Ce doux épanchement des secrets de mon cœur,
Où, libre de te voir, & chargé de t'inftruire,
J'aimois à t'égarer, au lieu de te conduire;
Où, pour toute leçon, à tes pieds profterné,
Je te peignois l'amour que tu m'avois donné!...
Tu n'as point oublié cet inftant de ma gloire,
Ce moment où j'obtins la premiere victoire.
Les parfums du matin s'exhaloient dans les airs;
Un jour voluptueux brilloit fur l'univers;
Plus riante & plus belle, au gré de mon ivreffe,
La nature fembloit preffentir ta foibleffe.
Tes yeux, qu'obfcurciffoit une douce vapeur,
S'ouvroient fur Abailard avec plus de langueur.
Ma main fous un berceau te conduifit tremblante;
J'entendis foupirer ta vertu chancelante;
Mes regards enflammés t'exprimoient le defir;
J'apperçus dans les tiens le fignal du plaifir....
Je volai dans tes bras... en vain ta voix éteinte,
A travers cent baifers, murmuroit quelque plainte;
Je ne t'écoutois plus, je n'entendois plus rien;
Heureux par mon tranfport, plus heureux par le tien.

Ah! détourne les yeux de ce tableau profane;
Tout me confterne ici, m'accufe & me condamne.
Devant moi fe découvre un avenir vengeur;

Et la voix de mon Dieu tonne au fond de mon cœur.

Toi! qui creufas l'abîme, où ton courroux me laiffe,

J'efpérois que ton bras foutiendroit ma foibleffe;

J'ai cru que ta bonté defcendroit jufqu'à moi;

Et que les paffions fe taifoient devant toi:

Hélas! dans ces réduits ont-elles plus d'empire?

Seroit-il des penchans que tu ne peux détruire?

Je pleure, je gémis, & les nuits & les jours;

Je me repens, t'implore, & je brûle toujours.

Frappe enfin, & punis un mortel qui t'offenfe:

Fais, au pied de l'autel, éclater ta vengeance,

Et, puifque tu n'as pu m'arracher mon penchant,

Pour éteindre l'amour, anéantis l'Amant!

O ma chere Héloïfe, ô toi que j'ai perdue,

Toi, que j'égare encore, éloigné de ta vue:

Où me cacher? où fuir un feu trop dévorant,

Qui s'attache à mon cœur & coule avec mon fang?

Cette terre où je rampe a-t-elle affez d'abîmes,

Si l'œil perçant d'un Dieu vient à compter mes crimes?

Que de foibles mortels mon exemple a féduits!

Que de coupables feux, par les miens enhardis!

Dans les lieux les plus faints, nos fautes font connues;

Nos lettres, tu le fais, font par-tout répandues:

On les lit, on s'y plaît, on y puife un poifon,

Qui, pour aller au cœur, enivre la raison :
La jeuneffe, livrée à tout ce qui l'abufe,
Dans fes déréglemens nous cite pour excufe :
Notre amour malheureux fait encor des jaloux ;
Il a creufé l'abîme, où l'on tombe après nous.

Il eft tems, il eft tems de fe vaincre foi-même,
De contraindre nos feux à cet effort fuprême.
Nos longs égaremens, fources de nos malheurs,
Veulent, pour s'expier, de la honte & des pleurs.
Pleurons, & rougiffons ; du fein de la pouffiere,
Elevons vers le Ciel notre ardente priere.
Peut-être que ce Ciel, à la fin défarmé,
Au cri du repentir ne fera plus fermé.

Ceffe de m'inviter, hélas ! trop indifcrete,
A venir partager tes foins & ta retraite.
Qui, moi ! de tes devoirs foulager le fardeau,
Diriger de tes fœurs le docile troupeau ;
Les fauver des périls que pour moi je redoute,
Des vertus que je fuis leur applanir la route !
Moi ! j'irois dans des lieux où tes jeunes attraits . . .
Non, ce n'eft plus pour moi que les plaifirs font faits.

Si tu pouvois me voir, l'œil cavé par les larmes ;
Baiffant toujours ce front qui t'offrit quelques charmes
De fpectres effrayans toujours environné,

Trifte, défait comme eux, & comme eux décharné :

Tu voudrois bien plutôt éviter cette image,

Et, loin de le chercher, tu fuirois mon paffage.

Ne me prodigue plus le nom de fondateur,

Je fuis un malheureux, je fuis un corrupteur,

Qui, dans l'affreux moment où la raifon l'éclaire,

Frémit de fon amour, que pourtant il préfére ;

Arrache, avec effort, un cœur trop criminel,

Qui, la bouche collée aux marches de l'autel,

Dans la Religion efpérant un refuge,

Attend la grace encore, ou l'arrêt de fon Juge.

Joins tes remords aux miens ; fur-tout ne m'écris plus :

Cachons-nous déformais des foupirs fuperflus :

Oui, laiffons entre nous un intervalle immenfe ;

Efpérons tout du tems, & fur-tout du filence.

Va, ceffe de chérir un fantôme d'Amant,

Que l'amour feul anime & difpute au néant.

Dieu le veut… dans fon temple enfevelis tes charmes :

Offre à ce Dieu jaloux tes pénitentes larmes ;

Et que ces pleurs enfin effacent, à leur tour,

Tous les pleurs qu'Héloïfe a verfés pour l'amour.

Si la mort, dans ces lieux, dévançant ma vieilleffe,

Vient terminer des jours, tiffus par la trifteffe,

Je veux qu'au paraclet Abailard foit porté,

Et , que dans cet état , il te foit préfenté ;
Non pour te demander un regret inutile ,
Mais pour fortifier ta piété fragile.
Plus éloquent que moi , ce fpectable cruel
Te dira ce qu'on aime , en aimant un mortel.

LETTRE II.

OCTAVIE,
A ANTOINE.

ANTOINE, sans combattre, a cédé la victoire !
Méprisé par les siens, vil aux yeux de la gloire,
Au signal d'une femme, il quitte ses vaisseaux ;
Partage son opprobre, & la suit sur les eaux !
J'en frémis… qu'as-tu fait ? & quelle est ta foiblesse ?
Vois l'abîme où t'entraîne une indigne Maîtresse :
Et juge, malheureux, si ton cœur est changé.
Non, tu n'es plus le même, & Brutus est vengé.

O jours de ton éclat, écoulés dans Athènes !
Là, tout sembloit uni pour resserrer nos chaînes ;
Ce peuple, favori de Minerve & de Mars,
Fier du double laurier de la guerre & des arts,
Témoin de mon bonheur si pur & si tranquille,
S'empressoit, chaque jour, pour orner ton asyle.
Tu laissois dans mes bras reposer ta valeur.
Ton front, où se peignoit le calme de ton cœur,
N'avoit plus cet orgueil qui sied à la victoire.

A ta vertu paifible on pardonnoit ta gloire ;

Et ce féjour , dont Rome envioit le deftin,

S'embelliffoit encore à l'afpect d'un Romain.

Trop rapides inftans, fuivis par tant de larmes !

Ambitieux rivaux , où portez-vous vos armes ?..,

Inutiles foupirs ! & les vents & les Dieux

T'ont déja tranfporté fur ces bords odieux,

Où, méditant ta honte, une Amante hautaine

Sourit à fon captif, que l'amour lui ramene.

Je te vois encenfer fes perfides appas,

Et de mes pleurs, cruel, t'applaudir dans fes bras.

Employant avec art le caprice & les larmes,

Elle fait à tes yeux multiplier fes charmes ;

Et tu chéris l'erreur qui t'a préoccupé !...

Et tu crois être heureux, quand tu n'es que trompé !

Dans quels nouveaux excès elle fe précipite !

Quoi ! d'un lâche triomphe elle honore ta fuite !

Sous le nom de Bacchus , un Héros , un Romain

Parcourt Alexandrie , un thyrfe dans la main !

Puis-je, à ces traits honteux, reconnoître un grand homme ?

Eft-ce ainfi qu'autrefois tu triomphois dans Rome ?..

Où vais-je m'égarer ? tu ne m'écoutes pas ;

Les charmes de l'Egypte ont enchaîné tes pas.

Des jardins, des bofquets dont tu cherches l'ombrage ;

Voilà le champ de Mars où brille ton courage.

C'eſt-là que, ſur des fleurs mollement endormi,

Repoſe de Céſar le vengeur & l'appui.

    Cependant Octavie, à gémir condamnée,

Sans titre, ſans époux, languit abandonnée.

Sur mes triſtes deſtins Rome a les yeux ouverts :

Je voudrois m'exiler, & fuir de l'univers.

Le déſeſpoir m'accable, & ta fureur tranquille,

Juſques dans ton Palais me refuſe un aſyle !

On a vu Marcellus, & ton épouſe en pleurs,

Chez Auguſte porter leur honte & leurs douleurs,

Marcellus !… ô tendreſſe ! ô comble de miſere !

Tu déteſtes le fils, tu fais rougir la mere :

On m'a vue obéir à tes ordres cruels,

Et ſervir de trophée à tes feux criminels.

Quelques ſoient mes chagrins, ils ont pour toi des charmes;

Tu goûtes le plaiſir d'inſulter à mes larmes ?…

    Mais tremble : ſi ton cœur perſiſte à m'outrager,

Je dois t'en avertir, tes jours ſont en danger.

Je parlois en épouſe, & je parle en Romaine.

Rome, de jour en jour, contre toi ſe déchaîne.

« Quoi ! dit-elle, un enfant élevé dans mon ſein,

» Au ſort d'une étrangere uniroit ſon deſtin !

» Quoi ! le ſoleil verroit, au milieu de nos armes,

» Une Reine infolente étaler tous fes charmes !

» Il verroit nos foldats dans une lâche Cour ,

» Suivre un Chef méprifable, amolli par l'amour » !

Le Sénat applaudit , & le peuple s'anime.

Jufques dans la Syrie on veut punir ton crime.

Mon frere , tranfporté d'une jufte fureur ,

Cherche à perdre un rival , en vengeant une fœur.

Enfin , ouvre les yeux ; que ton danger t'éclaire ;

Que la gloire te parle… elle te fut fi chere !

     Que dis-je ? en cet inftant , peut-être dans tes bras,

Cléopâtre pourfuit l'arrêt de mon trépas.

Puiffent du moins les Dieux, puiffent les deftinées

D'une femme inhumaine abréger les années !

Qu'elle meure trahie , & voie , en expirant,

La joie étinceler au front de fon Amant !

Puifqu'elle empoifonna le bonheur de ma vie,

Que l'horreur de fa mort venge enfin Octavie ! ….

Et périffent ainfi ces dangereux objets

Que la nature orna de coupables attraits ,

Qui, fiers de commander à d'illuftres efclaves,

Les tiennent abattus fous de viles entraves ,

Et , de la vérité leur cachant le flambeau,

Feignent de les aimer , en creufant leur tombeau !

LETTRE III.

LETTRE III.

JULIE A OVIDE.

Ah! je suis libre enfin!... & ma main peut tracer
Cet entretien secret que j'ose t'adresser.
Ovide, que fais-tu?... quelle est ta destinée?...
Ecris-moi... réponds-moi... que dis-je!... infortunée!
Et quel est mon espoir? peut-être, en ces momens,
Ton vaisseau malheureux est brisé par les vents.
Peut-être mon Amant, sur un lointain rivage,
Défiguré, sanglant, est jetté par l'orage.
Mais, si tu vois ces bords, ces climats détestés,
Effroyables déserts, par le Gète habités,
Dis, en lisant ces traits, dictés par l'amour même :
Dans l'univers encore, il est un cœur qui m'aime.
  Quelle nuit! quel départ! dans cet instant d'horreur,
De moi, je crus sentir se détacher mon cœur.
Mes yeux ne voyoient plus : la mourante Julie
N'avoit plus tes baisers, pour lui donner la vie.
Quelle barbare main, après un long effroi,
A rallumé des jours, qui ne sont rien sans toi?

C

Ciel ! que devins-je alors ? muette, confondue,

J'interroge des yeux une foule éperdue.

On soupire, on se tait ; & les vents orageux

Se font entendre seuls, dans ce silence affreux …

Le désespoir enfin ranime mon courage :

Je n'écoute plus rien, & je vole au rivage.

« Puissent les mers, disois-je, au gré de mes transports,

» Me porter, cher Amant, sur tes sauvages bords !

» Puisses-tu, parcourant cette rive effrayante,

» Y retrouver encor ta malheureuse Amante ;

» Et, plein de cet amour qui survit au trépas,

» Pour la derniere fois la serrer dans tes bras ! «

    Trop inutiles vœux ! … ô comble de misere !

On m'entraîne au palais ; & j'y revois mon pere,

Ou plutôt mon tyran & mon persécuteur,

De tes maux & des miens impitoyable auteur,

Qui dans mon désespoir semble trouver des charmes,

Et mettre de la gloire à mépriser mes larmes.

De quel droit ose-t-il, forçant mes sentimens,

Comme ses vils Romains, maîtriser mes penchans !

Ah ! qu'il regne, qu'il fasse ou la paix ou la guerre ;

Qu'il décide, à son gré, des destins de la terre.

Je ne voulois qu'un cœur, je régnois sur le tien ;

Qu'il garde son empire, & me laisse le mien.

Cher Amant, c'eft ainfi que la tendre Julie
Laiffe éclater les feux qui l'ont enorgueillie.
Rome, tout l'univers, fans pouvoir m'alarmer,
Diront que tu m'aimas, & que j'ofai t'aimer.
Voudrois-je reffembler à ces femmes timides,
Qui, fous de vains attraits, cachant des cœurs arides,
Ne connurent jamais ce délire enflammé,
Et cet oubli de tout, hors de l'objet aimé ?
De mille Courtifans la foule en vain s'empreffe
A demander ma main, à briguer ma tendreffe.
Vas, la trifte Julie eft loin d'y confentir :
Je t'aime trop, hélas ! pour ne les point haïr.
Que font-ils près de toi ? d'ambitieux efclaves,
Qui viennent, près du Trône, implorer des entraves;
Qui, flatteurs de mon pere, affiégent fes vieux ans,
Fatiguent la langueur de fes derniers momens,
Careffent fon orgueil, de fleurs fement fa trace,
Et dévorent l'inftant de monter à fa place :
Méprifables Romains, Romains infortunés,
Affaffins aujourd'hui, demain affaffinés.
Que m'importent leurs droits, leur pouvoir que j'affronte,
Et leurs triftes honneurs qui les couvrent de honte !
Il me faut un Amant, fans titres, fans appui,
Qui m'aime pour moi-même, & que j'aime pour lui.

Non, tu ne conçois point l'excès de mon ivreſſe ;
Combien mon cœur brûlant eſt fier de ſa tendreſſe !
Je voudrois, cher Amant, pour te prouver ma foi,
Voir cent Rois à mes pieds, les dédaigner pour toi :
Leur dire : remportez vos ſceptres, vos couronnes ;
L'amour fuit les grandeurs & la pompe des Trônes.
Le ſort vous prodigua des titres faſtueux ;
Mais Ovide eſt aimable … Ovide eſt malheureux.
    Loin de toi cependant la fidelle Julie
Dans le trouble & les pleurs voit conſumer ſa vie.
Peins-toi mon déſeſpoir dans cette horrible Cour,
Et l'abandon d'un cœur déchiré par l'amour.
Je cours, je vais, je viens, incertaine, égarée ….
Rien ne peut conſoler ton Amante éplorée.
Le jour à peine luit ; j'en ſouhaite la fin.
Sans ordre, mes cheveux ſont épars ſur mon ſein :
Tout ornement me peſe ; & , dans mon infortune,
Je déteſte l'éclat d'une pompe importune.
Dans mon abattement je trouve des douceurs ;
Et j'aime à voir mes yeux obſcurcis par les pleurs.
Quelle parure, hélas ! m'eſt encor néceſſaire ?
On m'a ravi l'Amant à qui je voulois plaire.
Je cherche les forêts, ces réduits effrayans,
Faits pour cacher au jour les malheurs des Amans.

Là, de tes traits, de toi profondément remplie,
Dans un sombre plaisir je reste ensevelie :
J'entends avec transport les aquilons fougueux
Frémir, se déchaîner sous un ciel orageux ;
Et mon ame jouit, dans sa douleur mortelle,
Quand l'univers est morne & ténébreux comme elle.

Cette horreur me pénétre, & plaît à mes ennuis.
Je lis dans ces momens, sans cesse je relis
Ces vers voluptueux, enfans de la tendresse,
Gages de ton bonheur, & nés de ton ivresse ;
Cet Art que je t'appris, cet écrit enflammé,
Dont j'offrois le modele à ton esprit charmé,
Des pleurs, en le lisant, inondent mon visage :
Ne pouvant rien de plus, je baise ton ouvrage ;
Cet ouvrage immortel, où, guidant tes pinceaux,
Vénus se reconnoît au feu de tes tableaux.
O vous qui le lirez, ô vous, races futures,
De ce livre enchanteur dévorez les peintures !
Non, d'un génie oisif ce ne sont point les jeux :
C'est le fruit de l'amour, & de l'amour heureux.
Amans, c'est un Amant qui cherche à vous instruire :
Il vous dicte les loix de celle qui l'inspire.
Seule je l'inspirai ; je ne m'en défends pas :
Les leçons qu'il vous donne, il les prit dans mes bras.

C iij

Pardonne ce transport, cet aveu qui me flatte ?
Il faut, avec le tien, que mon triomphe éclate.
Si quelquefois l'amour de fleurs t'a couronné ;
De myrthe, par mes mains si ton front fut orné ;
Laisse, laisse, ta gloire en sera plus brillante,
Tomber quelques lauriers sur le front d'une Amante.
J'exige cet hommage, & je l'ai mérité ;
Ta maîtresse a des droits à l'immortalité.
Ne te souviens-tu pas que la tendre Julie,
S'enflammant elle-même au feu de ton génie,
Par ses vers amoureux t'exprimoit ses desirs ?
Nos voix se marioient, pour chanter nos plaisirs,
Dans ces rians jardins, où bien souvent l'Aurore,
En ramenant le jour, nous retrouvoit encore ;
Où, livrée aux langueurs d'un long enchantement,
Je pressois sur mon sein le sein de mon Amant ;
Où, dans ce doux repos qui succede au délire,
Je jouissois encore, aux accens de ta lyre.
Ah ! je les ai revus, ces jardins, ces beaux lieux,
Témoins de mon bonheur, & de tes premiers feux.
Que leur aspect, hélas, m'a fait verser de larmes !
Ovide, ils ont perdu leur parure & leurs charmes.
L'écho, que par ta voix tu semblois inviter,
N'a plus dans nos bosquets tes chants à répéter.

Je n'entends d'autres fons que ceux de Philomele :

Mes accens douloureux font imités par elle.

Tout pleure mon Amant ; & la nature, en deuil,

Expire loin du Dîeu qui faifoit fon orgueil.

Que dis-je ? en ce lieu même . . . . effroyable préfage !

(Veuillent les juftes Dieux écarter cette image !)

Ovide, en ce lieu même un fonge plein d'horreur,

Dans mes fens éperdus a jetté la terreur.

   Seule je m'égarois dans une Ifle écartée,

Qui par un Dieu vengeur me parut habitée !

Le jour n'y répandoit que des rayons mourans,

Et ne me découvroit que des monftres errans.

J'entends, de toutes parts, des cris, des voix plaintives;

Les flots, en gémiffant, fe brifent fur les rives :

La terre au loin mugit : je friffonne, & je croi

Que tout va, dans l'inftant, s'engloutir avec moi.

Je fuccombe, je meurs.... tout change; l'horreur ceffe :

Le jour luit ; je n'entends que des chants d'allégreffe;

J'apperçois des berceaux, de feftons couronnés,

Des tapis, des gazons à l'amour deftinés ;

Et la mer à mes yeux femble un canal tranquille,

Qui promene fes eaux dans un riant afyle.

J'admire, je renais; je fens, en ce moment,

S'élever dans mon cœur un doux frémiffement.

Alors je vois de loin un mortel qui s'avance :
Une jeune beauté l'accompagne en silence.
Dieux! quel maintien! quels traits! je m'approche sans bruit.
Ce mortel, c'étoit toi . . . ma rivale te suit.
Je te vois lui parler, l'embraffer, lui fourire.
Au fond d'un bois épais je te vois la conduire . . . .
    Faut-il en croire, hélas ! ce qu'un fonge me dit?
Ovide, eft-il bien vrai que ton cœur me trahit ? . . .
Non, l'Amant que j'adore eft fenfible à mes peines :
A-t-il pu m'oublier & chérir d'autres chaînes ?
Eft-il quelques beautés, fous un ciel odieux,
Dignes de m'alarmer & de charmer tes yeux ?
Il me femble les voir, ces fauvages mortelles,
Eprouvant des defirs, fans en être plus belles . . . .
Que j'aime à m'abufer! foibles raifons, hélas !
Ovide en lieux charmans peut changer ces climats ;
A ces triftes objets qui te plairont peut-être,
Tu peux, fi tu le veux, donner un nouvel être.
Chaque jour, tu verras, fans t'occuper de moi,
Leurs appas fe former & s'embellir pour toi ;
Et, fier de leurs progrès, jaloux de leur hommage,
Tu finiras, cruel, par chérir ton ouvrage.
    Ah ! fi je le croyois, je franchirois les mers :
J'irois, n'en doute pas, au fond de tes déferts,

Jaloufe, furieufe, &, de ton fang avide,
Immoler… ou plutôt adorer un perfide.
Oui, fi je le pouvois, abjurant mes fureurs,
J'irois chercher ta main pour effuyer mes pleurs.
Je t'aime avec tranfport… & tu m'aurois trahie !
Tu te pardonnerois d'être heureux fans Julie !

Vois ta Julie en proie aux regards d'une Cour,
Qui, pour flatter Augufte, infulte à mon amour.
Puiffe un jour mon exil à fes yeux me fouftraire !
Puiffe être mon bonheur un don de fa colere !
C'eft alors que, brifant de fi cruels liens,
Libre de mes ennuis, j'irai finir les tiens.

Jufqu'à ce jour paifible, où ma tendreffe afpire,
Zéphirs, épurez l'air que mon Amant refpire !
Lieux, où dans fon éclat jamais le jour n'a lui,
Que votre ciel épais s'éclairciffe pour lui !
Et vous, fils du repos, & vous, aimables fonges,
Qui féduifez nos fens par de fi doux menfonges,
Dans le calme des nuits, & toujours fous mes traits,
Fixez fur mon Amant vos rapides bienfaits.
Livrez à fes tranfports l'amoureufe Julie :
Enchantez, par vos jeux, la moitié de fa vie ;
Et, fi le fombre ennui vient troubler fon réveil,
Qu'il foit au moins heureux dans les bras du fommeil !

LETTRE IV.

PHILOMELE

A PROGNÉ.

Frémis, & reconnois ta sœur infortunée,
Loin de l'œil des humains, par un monstre enchaînée.
Je vis pour me venger : oui, ce cruel espoir
Me fait chérir le jour, que je n'osois plus voir.
Quand pourrai-je franchir le lieu qui nous sépare,
De mes sanglantes mains déchirer un barbare !…
Pardonne à ce transport, &, du fond des déserts,
Puissent mes cris plaintifs armer tout l'univers !
C'est cacher trop long-tems ma honte & mon supplice :
Victime d'un forfait, je n'en suis point complice ;
Il faut qu'au monde entier un trop juste courroux
Dévoile l'attentat de ton horrible époux.

　Rappelle-toi ce tems, si cher à ma tendresse,
Où, pour te plaire, il vint me chercher dans la Grece.
Je parois à ses yeux, il se trouble ; & soudain
Le plus coupable feu s'allume dans son sein.

Feignant à mes regards que l'amitié l'infpire,
Pour hâter mon départ, il gémit, il foupire;
Si même trop d'ardeur le trahit quelquefois,
« C'eft Progné, me dit-il, qui parle par ma voix.
» Tous mes empreffemens, charmante Philomele,
» Vous atteftent fes vœux, & font dictés par elle ».
Crédule, n'ofant rien foupçonner de fa foi,
J'imputois fes efforts à fon zele pour toi;
Et, me précipitant dans les bras de mon pere,
A de perfides foins je joignois ma priere.
Vieillard infortuné, qu'aveuglerent les Dieux,
Tu caufas tous mes maux, croyant combler mes vœux.
« Puifque vous le voulez, je cede, cher Terée,
» Lui dit-il: par les nœuds d'une amitié facrée,
» Par les Dieux immortels, par nos embraffemens,
» Ayez foin de ma fille, & gardez vos fermens.
» Tout a dû vous prouver combien elle m'eft chere:
» Ah! rendez-la bientôt aux allarmes d'un pere.
» Que l'un de mes enfans, en me fermant les yeux,
» Recueille mes foupirs & mes derniers adieux »!
En prononçant ces mots, préfens à ma penfée,
Dans fes bras languiffans il me tenoit preffée:
Ses longs gémiffemens préfageoient mes malheurs,
Et fes yeux, malgré lui, laiffoient couler des pleurs.

De mon départ, enfin, le jour est prêt d'éclorre.
Jour fatal ! jour affreux ! souvenir que j'abhorre !
Le voile se déploie, & le souffle des vents
Seconde d'un cruel les vœux impatiens.
On eut dit que la mer, contre moi conjurée,
Etoit complice alors du forfait de Térée.
Mon pere, dans les pleurs, l'œil fixé sur les eaux,
Suit, en me rappellant, la trace des vaisseaux.
Avec frémissement je vois fuir le rivage.
Térée éclate alors : &, changeant de visage ;
J'ai donc vaincu, dit-il. Un transport furieux
S'échappe de son cœur & brille dans ses yeux.
Il ne peut renfermer sa criminelle joie ;
D'un œil avide & sombre il contemple sa proie.
Pour moi, qui ne pouvois soupçonner ses desseins,
Je pleurois, je semblois pressentir mes destins.
Le trouble s'élevoit dans mon ame glacée,
De confuses vapeurs agitoient ma pensée ;
Et, jettant mes regards sur l'espace des mers,
Je me crus un moment seule dans l'univers.
Le monstre ! il triomphoit ! sa pâleur, son silence,
Son trouble, consternoient ma timide innocence.
Je souhaitai cent fois que le vent opposé
Repoussât son vaisseau, par l'orage brisé ;

Et, lorfqu'il s'applaudit du deftin qu'il m'apprête,

J'implore, au fond du cœur, la mort ou la tempête.

Dieux, ne deviez-vous point dans ces cruels momens,

D'ombres m'environner, armer les élémens,

Lancer fur moi la foudre, ou m'ouvrir un abîme ?

Aimez-vous mieux punir que prévenir le crime ?

    La rame cependant redouble fes efforts,

Et déjà de la Thrace on découvre les bords.

On arrive ; on defcend ; le parjure Térée

Guide feul en ces lieux ma démarche égarée.

Tremblante, il me conduit au fond d'un bois épais,

Où, parmi des débris, s'éleve un vieux palais,

Effroyable tombeau, prifon inacceffible,

Que l'afpect des déferts rend encor plus terrible.

Il me fallut entrer dans ce féjour d'horreur ;

D'une mourante voix je demande ma fœur.

En ce moment Térée, ô comble de l'outrage !...

Les yeux étincelans d'un amour plein de rage....

Tu frémis, & m'entends.. mais que devins-je, ô Dieux !

Quand mon œil fe r'ouvrit à la clarté des cieux ?

    « Barbare, m'écriai-je, exécrable adultere,

» Ni la foi des fermens, ni les larmes d'un pere,

» Ni l'hymen profané par ta coupable ardeur,

» Ni ma foibleffe, enfin, n'ont pu toucher ton cœur !

» Acheve, ta fureur feroit-elle affouvie ?

» Tu m'as ravi l'honneur, arrache-moi la vie ;

» Ou bien, tremble à ton tour : révélant ces fecrets,

» Ma voix, ma propre voix publiera tes forfaits.

» De tes horribles feux malheureufe victime,

» Je mourrai de ma honte en avouant ton crime ;

» Et, fi ta cruauté m'enchaîne en ces déferts,

» De mes lugubres cris je remplirai les airs :

» Ces antres, ces rochers rediront mon injure ;

» Je faurai contre toi foulever la nature ;

» Mes plaintives clameurs monteront jufqu'aux cieux,

» Et tu feras puni, s'il eft encor des Dieux ».

    C'eft alors, qu'en fon cœur une frayeur foudaine,

A fon farouche amour fait fuccéder la haine.

Te le dirai-je ? ô ciel ! … malgré tous mes efforts,

Mes fanglots redoublés, mes larmes, mes tranfports,

Ce monftre impitoyable, & que ma plainte anime,

Croyant dans le filence enfevelir fon crime,

M'arrache, fans frémir, d'un bras enfanglanté,

L'organe trop fufpect à fa férocité.

    Las, enfin, d'exercer fon horrible furie,

Pour comble d'infortune il me laiffe la vie !

Il va, bravant les Dieux & mes reffentimens,

Il va fouiller ta couche & tes embraffemens.

Il mêle ses regrets à tes vives allarmes,
Et, couvert de mon sang, il me donne des larmes !
Souvent je crois te voir, en longs habits de deuil,
Appellant Philomele, autour d'un vain cercueil.
Ah ! cesse de pleurer, sur la foi de Térée,
Le trépas d'une sœur qui vit deshonorée.

Vois une malheureuse, au fond de ces déserts ;
Vois la fille d'un Roi mourante dans les fers.
Rien ne s'offre à mes yeux qu'une garde terrible,
Et toujours importune, & toujours inflexible.
Livrée à ma douleur, depuis plus de deux ans,
Je n'entends près de moi que des rugissemens ;
Ou le bruit effrayant de quelque source impure,
Tombant sur des rochers avec un long murmure.
De lugubres cyprès, étendant leurs rameaux,
Epaississent la nuit autour de ces tombeaux :
Il semble que le ciel, sur ces réduits sauvages,
Ait voulu rassembler les vents & les orages.
A chaque instant je meurs, je succombe, & je croi
Que la terre & les cieux ont disparu pour moi.

Te peindrai-je mes nuits, mes nuits épouvantables,
La foudre qui répond à mes cris lamentables,
Cette terreur profonde où mes sens sont plongés,
Et ces pleurs éternels dont mes yeux sont chargés ?

Je crois toujours le voir cet infâme Térée,

L'œil btûlant de courroux & la main égarée,

Pâle, n'écoutant rien que ses cruels defirs,

M'affaffiner... pour prix de ses affreux plaifirs.

Séjour de mon enfance, ô palais de mon pere !

Peuple heureux fous ses loix, peuple à qui je fus chere,

Plaifirs de l'amitié qu'à peine j'ai connus ;

O jours de mon bonheur, qu'êtes-vous devenus ?

Au milieu de ces bois, à mes terreurs livrée,

Du refte des humains je me vois féparée.

Loin de ce qui m'eft cher, fans efpoir, fans foutien,

Mon cœur eft effrayé de ne tenir à rien.

Tous mes nœuds font rompus : pour une infortunée,

Il n'eft plus déformais d'amour ni d'hyménée ;

Dans cette folitude il faut m'enfevelir,

Et je n'ai plus le droit de former un defir.

Que dis-je ! j'ai perdu, dans l'horreur de mes chaînes,

Le pouvoir douloureux de confier mes peines.

Vainement je m'effaye à prononcer ton nom,

Ma voix fe trouble, expire, & ne rend qu'un vain fon....

Je ne puis que fouffrir, &, de mes triftes charmes,

Le refte malheureux eft noyé dans les larmes.

Pourfuis, ne ceffe point, ô fort, de m'outrager !

Je te pardonne encor, fi je puis me venger....

Me

Me venger!... je renais... doux espoir que j'embrasse!
Il me soutient, ma sœur, au sein de ma disgrace,
Il ne sera point vain. Oui! cette nuit les Dieux
Ont offert, sous tes traits, la vengeance à mes yeux.
Sang que j'ai vu couler, favorable présage,
Songe affreux, revenez ranimer mon courage.

   C'étoit pendant le tems des mysteres sacrés,
Pendant ces tems d'ivresse à Bacchus consacrés.
Déjà de toutes parts ses terribles ministres
Font retentir les airs de hurlemens sinistres,
Et de l'airain tonnant l'épouvantable bruit
Augmente encor l'horreur d'une profonde nuit.
Tu t'élances, tu fors, de courroux transportée,
D'une sainte fureur tu feins d'être agitée ;
Et, traînant à ta suite un cortege nombreux,
Tu viens, un tyrse en main, m'arracher de ces lieux.
Je marche sur tes pas incertaine, étonnée,
En ignorant toujours quelle est ma destinée.

   A peine ai-je touché le seuil de ton palais,
Je crois avec Térée y voir tous les forfaits.
Tous les murs teints de fang, dans ce palais impie,
Semblent m'offrir son nom qu'éclaire une Furie.
Mais toi, plaignant mon trouble & mes secrets combats,
Tu viens, en soupirant, te jetter dans mes bras.

                                        D

Dans cet embraſſement que je trouvai de charmes !

«Chere ſœur, me dis-tu, feche, feche tes larmes.

„ De ce palais en feu veux-tu que les lambris

„ Ecrâſent le tyran ſous leurs brûlans débris ?

„ Veux-tu qu'à ſes regards te faiſant reconnoître ,

„ De cent coups de poignard j'aille percer le traître?»

     Immobile au milieu de ces vives douleurs ,

Je ne répondois rien , & je verſois des pleurs.

A l'inſtant , quel objet pour ton ame éperdue !

Ton fils infortuné vient s'offrir à ta vue.

Lui lançant un regard furieux & diſtrait ;

« De ſon pere , dis-tu , c'eſt le vivant portrait.

„ Les Dieux , les juſtes Dieux m'amenent ma vengeance.

Après ces mots , ſuivis d'un farouche ſilence ,

Tu ſaiſis un poignard , & je te vois ſoudain ,

Trembler , frémir , pleurer , & lui percer le ſein.

Ce n'étoit point aſſez : impitoyable mere ,

Tu voulus qu'il ſervît d'aliment à ſon pere.

Ce monſtre , ce barbare , à tes côtés aſſis ,

Avec avidité ſe repaît de ſon fils ;

Et , dans ce moment même , ô tendreſſe trop vaine !

Il cherche Itis , il veut qu'à ſes yeux on l'amene.

     J'entre auſſi-tôt , & , l'œil de rage étincelant ,

Je lui jette d'Itis le crâne encor ſanglant.

Toi, de loin jouissant de son trouble funeste,
« Voilà ton fils. Tu viens d'en engloutir le reste,
» Lui dis-tu, reconnois Philomele, ma sœur.
» Entends crier Itis dans le fond de ton cœur ».

Il ne se connoît plus, il rugit, il soupire;
Il s'attache, en pleurant, à ce cœur qu'il déchire :
De son flanc entr'ouvert il voudroit retirer
Cet enfant malheureux, qu'il vient de dévorer.
Errant de toutes parts, il cherche en vain des armes,
Et de ses yeux le sang ruisselle avec les larmes :
Il nomme encore Itis, & croit, à chaque instant,
Dans le sein paternel le sentir palpitant.

A ces affreux objets mon ame s'abandonne.
Il faut punir un monstre, & le ciel te l'ordonne.
Tu dois t'en souvenir, quand il s'unit à toi,
Tu sentis dans ton cœur naître un secret effroi.
De noirs pressentimens troublerent cette fête.
La couronne de fleurs se fana sur ta tête.

Mais pourquoi retracer cet hymen à tes yeux ?
Sans doute ta fureur va surpasser mes vœux.
Songe qu'en m'outrageant c'est toi qu'il a trahie.
Pourrois-tu dans tes bras recevoir cet impie,
Cet adultere époux, infâme ravisseur,
Incestueux Amant, & bourreau de ta sœur ?

D ij

Quoi! ce jour qui te luit, ce même jour l'éclaire!
Sois sensible à mes pleurs, venge un Roi, venge un pere.
Adieu, chere Progné, tu sais quel est mon sort ;
Choisis, j'attends de toi la vengeance ou la mort.

LETTRE V.

HÉRO
A LÉANDRE.

Quoi! trois jours sans te voir, trois jours sont écoulés!
Rends le calme, Léandre, à mes sens désolés.
Tu peux, sourd à ma voix, dans l'ardeur qui t'entraîne,
Faire voler un char sur la brûlante arêne;
Tu peux, armant ton bras d'inévitables traits,
Nouvel Endymion, errer dans les forêts:
Moi, je n'ai que l'amour; à lui je m'abandonne:
Qu'ai-je besoin sans lui de l'air qui m'environne?
Pour respirer sa flamme il sembla me former;
Je ne veux, je ne puis, & je ne sais qu'aimer.
Quel obstacle nouveau te retient sur la rive?
Je tremble, tout m'allarme, une Amante est craintive.
Il n'est donc plus ce tems, où ton cœur amoureux
Sembloit dans les dangers puiser de nouveaux feux?
Je t'ai vu mille fois, malgré l'onde irritée,
Malgré les cris plaintifs d'une Amante agitée,

D iij

Je t'ai vu, sous un ciel étincelant d'éclairs,

Lutter contre les vents déchaînés dans les airs;

Affronter les écueils, &, fier de ton courage,

T'applaudir dans mes bras d'avoir bravé l'orage.

« Léandre, qu'as-tu fait, te disois-je toujours?

» Comment puis-je être heureuse, en tremblant pour tes jours.

Réchauffé dans mon sein, tu riois de ma crainte;

Et cent baisers de feu s'opposoient à ma plainte.

Qu'avec plaisir alors je bravois le courroux

Des flots impétueux, grondans autour de nous!

Qu'avec facilité je te donnois ta grace !

Et, dans ces doux momens, que j'aimois ton audace !

　　Mais un souffle aujourd'hui suffit pour t'arrêter.

Tu t'endors dans le calme, au lieu d'en profiter.

Tu me laisses, cruel, en proie à mes allarmes,

N'embrasser que ton ombre, & veiller dans les larmes.

Parcourant, l'œil en pleurs, ces bords, où tu n'es pas,

Je cherche, en soupirant, la trace de tes pas.

Ainsi mes tristes jours, que suit l'inquiétude,

S'écoulent dans la crainte & dans la solitude.

La nuit même m'effraie, en secondant mes vœux;

Dès que son voile immense enveloppe les cieux,

J'espere, je frémis; je crains l'horreur profonde,

La vaste obscurité qui regne au loin sur l'onde;

Et, plaçant avec trouble un fanal fur la tour,

Je te fraie un chemin , éclairé par l'amour.

Si tu ne parois point, fi tu trompes mon zele ;

J'interroge, en tremblant, ma compagne fidele ...

Les vents ont-ils ceffé? ... conçois-tu ma frayeur ?

M'aime-t-il?viendra-t-il?flate au moins ma douleur...

Laiffe là tes travaux ; parle-moi de Léandre :

Toi, qui lis dans mon cœur, en eft-il un plus tendre?

Qu'il eft charmant, l'objet dont il eft occupé !...

Dieu!... s'il alloit périr... voi ce roc efcarpé !...

Crois-tu qu'il l'ait franchi? qu'entends-je?...c'eft lui-même.

C'eft lui... je vais revoir le feul mortel que j'aime :

Rentrez, noirs aquilons , dans vos fombres cachots ;

C'eft un Dieu...c'eft l'Amour qui traverfe les flots.

Je prête, en ce moment, une oreille attentive ;

Et toujours mes regards font fixés fur la rive.

Le bruit le plus lointain, le moindre mouvement ;

Un rameau qui frémit , m'annonce mon Amant.

    Succombé-je, à la fin, au fommeil qui m'accable?

Le fommeil te ramene , & tu n'es plus coupable.

Malgré toi-même, alors, fignalant ton retour ,

Tu me venges, cruel , des alarmes du jour :

Malgré toi-même, alors, je fuis encore aimée,

Tu meurs, & tu renais fur ma bouche enflâmée ;

D iv

Tu renais plus charmant, & tu me fais goûter
Tout ce qu'on affoiblit, en l'ofant raconter…
A ces douces erreurs mon amour s'abandonne.
Vains plaifirs que bientôt le réveil empoifonne !
Pour vanter mon bonheur, je veux jouir du tien ;
Je veux fentir ton cœur palpiter fur le mien…
Que le vent fiffle alors, & que la foudre gronde ;
Que tout, dans l'univers, s'écroule & fe confonde.
Tranquille dans tes bras, & ne fongeant qu'à toi,
Tout ce défordre affreux viendra-t-il jufqu'à moi ?
Après un tel aveu, réponds-moi : qui t'arrête ?
Crains-tu pour ton retour ? parle ; me voilà prête.
J'irai, n'en doute pas, m'élancer dans les eaux ;
Vénus, fille des mers, m'applanira leurs flots.
Bravant tous les périls qu'une femme redoute,
Vers toi ces foibles bras s'ouvriront une route…
Hé bien, n'oferas-tu m'atteindre & m'imiter ?
Et craindras-tu les vents que je cours affronter ?
Oui ; je te rejoindrai fur les plaines profondes ;
L'amour autour de nous appaifera les ondes ;
A tes bras fatigués il unira les miens ;
Et mes tendres baifers iront chercher les tiens.
Toi, qui vis Mars lui-même, étonné de fes larmes,
Dans tes bras amoureux s'enivrer de tes charmes ;

Qui, dans l'ombre des bois, près du jeune Adonis,
Brûlas de tous les feux qui dévorent ton fils ;
Nous aimons toutes deux ; notre caufe eft commune ;
Protege mon amour contre Eole & Neptune :
Ces Dieux, ces Dieux fi fiers font foumis à tes loix.
Parle, ordonne, ô Déeffe ! ils entendront ta voix.

Mais, quoi ! déjà la nuit a déployé fes voiles,
Et femé dans les cieux l'or brillant des étoiles.
Morphée a fufpendu les maux de l'univers.
Dieux ! quelle volupté fe répand dans les airs !
Ces palmiers, dont le choc ébranloit ce rivage,
Elevent jufqu'aux cieux leur immobile ombrage ;
La terre exhale au loin les plus douces odeurs.
L'haleine des zéphirs, & le parfum des fleurs ;
Ce filence profond , cette mer plus tranquille,
Qui femble fe jouer autour de cet afyle ;
Ce calme, cette nuit plus belle qu'un beau jour ;
Tout verfe dans mes fens les langueurs de l'amour.
Confirme, cher Léandre , un fi charmant augure ;
Oui, c'eft toi, dont l'approche embellit la nature,
Viens, vole dans mes bras... quel changement foudain!
Déjà l'aftre des nuits me paroît moins ferein ;
Il paroît emporté de nuage en nuage :
Un frémiffement fourd femble annoncer l'orage...

Je tremble, je me meurs... qu'entends-je? quels éclairs!

Quel tourbillon épais s'éleve fur les mers !

Tout-à-coup mutinés, comme les vents mugiffent !

De quel tumulte affreux les rives retentiffent !

 O toi, qui dans ta main tiens le fceptre des eaux,

Contre moi quelle rage a foulevé tes flots ?

Quoi ! de Laomédon Léandre eft-il complice ?

Léandre a-t-il trempé dans les fraudes d'Uliffe ?

Ton courroux ne peut-il être enfin défarmé ?

Toi, qui punis l'amour, n'as-tu jamais aimé ?

 Léandre, garde-toi, c'eft Héro qui t'en prie,

De confier aux flots mon efpoir & ma vie.

Demeure , je le veux, demeure, cher Amant ;

Et renonce à l'orgueil de vaincre un élément.

Attends un ciel plus doux, une mer moins fougueufe,

Attends... oui, je le veux... que dis-je ? malheureufe ?

Quels cris plaintifs ! le flot jufques à moi pouffé,

A mes pieds, en grondant, vomit un corps glacé.

Je frémis ; approchons. Ah ! puis-je m'y méprendre ?

C'eft lui, c'eft mon Amant... qui ne peut plus m'entendre ...1

Et c'eft pour moi qu'il meurt ! j'ai hâté fon deftin !

Reftes infortunés, recueillis dans mon fein ,

Cher Léandre , crois-tu que j'ofe te furvivre ?

Tu m'aimas ! tu n'es plus, c'eft à moi de te fuivre.

Périsse l'univers ! que seroit-il sans toi ?

Voute obscure des cieux, écroulez-vous sur moi !

Et toi, Dieu sans pitié, Dieu de ces noirs abîmes,

Dans ton avare sein, engloutis deux victimes.

(Elle s'élance dans les flots.)

LETTRE VI.

LE COMTE DE COMMINGES
A SA MERE.

*(Le Comte de Comminges est supposé écrire quelque
tems après l'événement qu'il raconte.)*

C'est de tous les mortels le plus infortuné,
Par le Dieu qui le frappe à vivre condamné ;
C'est ton fils qui t'écrit : peux-tu le méconnoître ?
Ton fils ! depuis long-tems tu l'as pleuré peut-être ?
Il respire. Frémis. Au comble de l'horreur,
En attendant la mort, il vit pour la douleur ;
Il vit !... près d'un cercueil ! qu'ai-je dit ? ah ! pardonne.
J'entends des cris plaintifs, & l'effroi m'environne :
Mes pleurs coulent... ma mere !... ô fort ! ô fort affreux !
Je vais troubler tes jours, que je dûs rendre heureux :
Mais j'ai besoin d'un cœur compâtissant & tendre,
Où mon cœur oppressé puisse enfin se répandre :
Tout est muet & sourd au fond de mes déserts,
Et toi seul à ton fils restes dans l'univers.

Faut-il r'ouvrir encor la source de tes larmes ?
Hélas! rappelle-toi ces jours, ces jours d'alarmes,
Où le bras paternel, contre mes vœux armé,
Brisa le plus saint nœud que le ciel ait formé.
Que de maux ont suivi cette rigueur d'un pere !
Je fus respectueux autant qu'il fut sévere :
Mais j'aimois un objet ; tu le sais, tu l'as vu,
Qui prit sur moi les droits que donne la vertu.
J'aimois Adélaïde !... Ombre à jamais chérie,
Et c'est ce même amour qui t'arracha la vie !
C'est pour briser mes fers, pour fermer mon tombeau,
Que tu choisis l'époux qui devint ton bourreau !
Ma mere, il t'en souvient... j'en frémis d'épouvante,
Dans un cachot ce monstre enferma mon Amante.
Auteur de ses tourmens, de son horrible sort,
Anéanti, trompé par le bruit de sa mort,
Privé de tout, j'errai long-tems à l'aventure ;
J'eus la terre pour lit, mes pleurs pour nourriture :
Sombre habitant des bois, dans leurs profonds détours,
Je pleurois mon Amante & la cherchois toujours.

 J'allai, je m'enfonçai dans cette solitude,
Où mourir à soi-même est la premiere étude,
Où d'épaisses forêts & des rochers affreux
S'élevent tristement sous un ciel ténébreux ;

Tombeaux anticipés , qu'habite le filence ;
Et que le repentir difpute à l'innocence.
Toi-même ignoras tout. Sous ces dômes facrés ,
Figure-toi ton fils , l'œil , la marche égarés ,
Parcourant au hafard cette lugubre enceinte ,
Séché dans les ennuis , mourant dans la contrainte ;
Vers la terre baiffant des yeux noyés de pleurs ,
Et flétri , jeune encor , par l'excès des malheurs.
L'afpect religieux de tous nos Solitaires ,
Pénitens fans orgueil & martyrs volontaires ;
Le fpectacle touchant de ces fages mortels ,
Qu'on voit vivre & mourir , à l'ombre des autels ;
Dans le mépris des biens , des efpérances vaines ,
Et loin du tourbillon des paffions humaines ;
L'intéreffante paix , la majefté d'un lieu ,
Où l'homme , en s'oubliant , s'approche de fon Dieu ;
Tout réveilloit en moi la plainte & le murmure ;
Tout , par un poifon lent , aigriffoit ma bleffure.
Je confiois ma plainte aux antres d'alentour :
Mes traits défigurés peignoient encor l'amour.

    Combien de fois , au fond de ma retraite obfcure ,
Séduits par les attraits d'une vaine impofture ,
Mes yeux ont contemplé ce portrait enchanteur ,
Que me donna fa main dans mes jours de bonheur !

Cet aspect consolant soutenoit mon courage:
Avec recueillement j'adorois son image.
J'y retrouvois ce front, si noble sans fierté,
Où l'art ne sut jamais farder la vérité.
Cette bouche où souvent, (oserai-je le dire?)
Je vis, à mon approche, errer un doux sourire;
Ce bel œil, qui sévere & tendre tour-à-tour,
Imprimoit le respect en inspirant l'amour.
Un jour, ce souvenir m'occupera sans cesse,
Parcourant ce portrait, si cher à ma tendresse,
Au feu de mes regards il parut s'animer:
Ce que je ressentois, il parut l'exprimer.
Une sombre douleur sembloit voiler ses charmes;
Il sembloit me parler, frémir, verser des larmes,
Et je crus un moment, satisfait & trompé,
Qu'il répandoit les pleurs, dont je l'avois trempé.
   Mon désordre, mes cris, mes pleurs involontaires,
Détournerent enfin l'œil de nos Solitaires.
Ces mortels recueillis, & qu'on ne voit jamais
Promener leurs regards curieux ou distraits,
Reposant sur moi seul une vue importune,
Ne s'appercevoient plus de leur propre infortune,
Et, comparant leur sort à mon sort rigoureux,
Sous la haire sanglante ils se trouvoient heureux.

Le plus jeune sur-tout, (j'en accusois son âge,)

Sans cesse, en gémissant, erroit sur mon passage.

Sous nos tristes cyprès je le voyois rêver,

Et d'un œil douloureux il sembloit m'observer.

Fraîcheur de la jeunesse, éclat des premiers charmes,

Rien ne s'étoit sauvé du ravage des larmes.

Soulevois-je mes yeux, je rencontrois les siens,

Toujours avec langueur attachés sur les miens.

Il me suivoit par-tout. Au bord d'un lac tranquille,

Je travaillois un soir à mon dernier asyle ;

Je creusois mon cercueil : en moi-même absorbé,

Je restai quelque tems sur ma bêche courbé :

Dans ces sombres objets mon ame ensevelie

Aimoit à contempler le terme de ma vie.

Sans trouble, sans terreur, trop foible pour mes maux,

D'avance je goûtois le calme des tombeaux.

Ma main, dans ce moment, incertaine & timide,

Sur le sable imprima le nom d'Adélaïde.

A peine est-il tracé : ce même pénitent,

Jette un cri, s'offre à moi, pâle, égaré, tremblant ;

Peignant dans ses regards le trouble & la tendresse,

Sur les arbres voisins appuyant sa foiblesse.

Sa défaillante voix murmure quelques mots,

Confus, entre-coupés, mourant dans les sanglots :

Il

Il m'attendrit, j'approche, & , voyant mes alarmes,
Il difparoît foudain, pour me cacher fes larmes.

Sans doute, me difois-je, Amant infortuné,
De la même infortune il m'aura foupçonné:
Il aime, il brûle encore au fein de la retraite ;
Il rougit devant Dieu d'une flamme fecrette,
Et s'élance vers moi, dans fon mortel ennui,
Me croyant malheureux & tendre comme lui.
Combien je le plaignois!...pourfuivrai-je,ô ma mere,
Le récit effrayant de ce fatal myftere?
Te peindrai-je mes fens, de douleur confumés,
Ce cœur brûlant toujours de regrets enflammés,
Mes éternels tourmens, accrus par le filence,
Tous ces foibles retours vers le Dieu qu'on offenfe,
Les horreurs de la nuit, les fupplices du jour,
Et mes triftes fermens démentis par l'amour?

Enfin, après trois ans, devenu plus paifible,
Affaiffé fous mes maux, j'étois prefque infenfible.
J'éprouvai ce néant & ces triftes langueurs
Que le tems, par degrés, verfe au fond de nos cœurs.
Je me fentois mourir. Dans mon ame expirante,
Dieu, long-tems oublié, balança mon Amante.
Je crus qu'Adélaïde, heureufe dans les Cieux,
Vouloit un encens pur & de plus nobles vœux.

E

Je m'excitois moi-même & réchauffois mon zèle

Pour ces devoirs sacrés qui me rapprochoient d'elle.

Je pensois chaque jour m'élever d'un degré

Vers le céleste objet dont j'étois séparé....

O retour inoui ! de profondes ténébres

Enveloppoient ces tours & ces dômes funébres.

Je m'entens appeller par ces sons effrayans,

Lamentable signal de nos derniers momens.

J'accours... Dieu ! quel spectacle, & que vais-je t'apprendre:

Je trouve un malheureux étendu sur la cendre.

Nous l'environnions tous : l'observant de plus près,

Dans l'ombre de la mort je distingue ses traits . ...

Je crois le voir encor... mes pleurs coulent... ma mere,

C'étoit,... le croiras-tu ?... ce même solitaire :

C'étoit... tu me préviens; tu vois mon sort affreux...

C'étoit Adélaïde... expirante à mes yeux.

Elle m'envisageoit d'un regard fixe & tendre.

O mes freres, dit-elle, oserez-vous m'entendre,

Me plaindre & pardonner ? Je suis indigne, hélas!

D'habiter parmi vous , de mourir dans vos bras.

Vous ne voyez en moi qu'une femme coupable ,

Conduite par l'amour dans ce lieu respectable.

J'aimois... j'étois aimée... un d'entre vous... ô Cieux!

Il me voit; il m'entend; il est devant vos yeux...

Son effroi, sa douleur, criminelle peut-être,
Et son saisissement le font assez connoître...
Comminge, approche-toi ; sur ce lit malheureux,
Le Ciel, pour un moment, veut nous unir tous deux.
Viens... me reconnois-tu ?... c'est moi, c'est ton Amante;
Elle n'est plus à craindre, alors qu'elle est mourante.
Depuis plus de six ans j'habite ce séjour :
Ah ! par ce seul effort, juge de mon amour ! *
Dans ces réduits sacrés, témoins de ta tendresse,
Ai-je pu t'oublier ? Je te voyois sans cesse.
La sainteté du lieu retint cent fois mes pas
A l'instant où j'allois me jetter dans tes bras.
J'épiois tes soupirs, & j'y trouvois des charmes.
Je goûtois, en pleurant, la douceur de tes larmes.
Entre tes mains souvent je surpris mon portrait,
Et de mon ame alors s'envoloit le regret.
J'aimois, & près de toi, sous ces tours renfermée,
Je m'enivrois encor du plaisir d'être aimée.
Va, je n'eusse jamais voulu d'autre bonheur :
Mais le devoir bientôt vint m'arracher ton cœur :
Je le craignis du moins. Au sein de la souffrance,

---

* J'ai cru devoir retrancher ici l'historique de son entrée à la
Trappe : ce détail auroit nécessairement été froid.

Tu semblois n'exister qu'avec indifférence ;

Ton œil étoit serein, tes soupirs & tes vœux,

Réclamés par l'amour, se tournoient vers les Cieux.

Je vis l'horrible joug dont je m'étois liée,

Seule, dans un désert... où j'étois oubliée.

J'envisageai soudain le terme de mon sort.

L'amour troubla ma vie... il va causer ma mort...

O mon Dieu ! j'obéis à ta voix qui m'appelle :

Je me soumets à toi ; frappe une criminelle ;

Frappe, & pour mon Amant réserve tes faveurs.

Il a connu sans doute & pleuré ses erreurs ;

Ou, s'il n'a point encore étouffé sa foiblesse,

Qu'il contemple aujourd'hui l'objet de sa tendresse ;

De ces charmes si vains le reste inanimé,

Et qu'il tremble, en voyant ce qu'il a tant aimé.

 O prodige ! ô terreur ! ô chere Adélaïde !

Je reste quelques tems & muet & stupide :

Sans force, sans couleur, près d'elle prosterné,

Sous un bras tout-puissant j'étois comme enchaîné :

Mais, dès que la lueur d'une lampe effrayante,

Aux yeux de son Amant vient l'offrir expirante ;

Dans ces momens affreux, sitôt que je la voi

Me tendre encor les bras, soulevés jusqu'à moi ;

Avec peine entr'ouvrir sa mourante paupiere ;

Me chercher, me nommer à son heure derniere :
Ma voix, alors, ma voix fort du fond de mon cœur ;
Et laiffant, par des cris, éclater ma douleur,
A tout ce qui m'entoure infpirant l'épouvante,
Je tombe fur le lit où périt mon Amante...
Tout difparoît pour moi : ce corps déja glacé,
Ce précieux dépôt, je le tiens embraffé ;
Je couvre de baifers ce front pâle & livide,
Où j'entrevois encor des traits d'Adélaïde ;
J'arrofe de mes pleurs fa défaillante main,
Que la mienne, en tremblant, preffe contre mon fein.
« Réponds-moi, m'écriai-je ; oui, c'eft moi qui t'appelle ;
» Oui, c'eft moi qui t'adore & qui te fuis fidele.
» Si cet aveu t'eft cher, & peut te ranimer,
» Va, jamais ton Amant ne ceffa de t'aimer.
Elle femble, à ces mots, tendrement me fourire :
O trop rapide efpoir qu'un inftant vient détruire !
   Efpoir, amour, bonheur, tout ce qui fut facré,
Ce cerceuil le renferme ; il a tout dévoré !
Ciel ! me trompai-je ? En proie à fes ardeurs fecrettes,
Elle habita fix ans ces fauvages retraites !
L'amour dans ces tombeaux fut entraîner fes pas !
Le cilice a meurtri fes innocens appas !
Lorfque dans fon portrait je contemplai fes charmes,

C'eſt elle que j'avois pour témoin de mes larmes !

Mille fois, ſur ſes pas, je me ſuis égaré !

Je reſpirois cet air qu'elle avoit reſpiré !

Elle étoit près de moi ; je la voyois ſans ceſſe !

Ses timides ſoupirs m'exprimoient ſa tendreſſe !…

Et rien n'a pu frapper mon œil appeſanti !

Malheureux ! & mon cœur ne m'a point averti !…

Chere Amante, une tombe, où repoſe ta cendre,

Voilà donc ce qui reſte à cet amour ſi tendre !

Ah ! de mon cœur au moins rien ne peut t'arracher.

Dût, la foudre à la main, Dieu me le reprocher,

Tu vivras à jamais dans ce cœur qui t'adore ;

Je te vois, je t'entends, & je te parle encore ;

J'appelle Adélaïde ; & des profondes nuits

Le calme formidable eſt troublé par mes cris.

Adélaïde… ô Dieu ! tu l'emportois ſur elle ;

Et l'Amant plus tranquille étoit Chrétien fidele.

Je baiſſois devant toi mon front reſpectueux ;

Au pieds de tes Autels, je portois tous mes vœux.

A mes côtés, pourquoi plaçois-tu mon Amante ?

Pourquoi dans ces déſerts me l'offrois-tu mourante ?

Puis-je, puis-je oublier l'horreur de ſes tourmens,

Et ſes derniers regards, & ſes derniers accens ;

Ces accens de la mort, réchauffés par ſa flâme,

Et que sa voix si tendre à gravés dans mon ame ?
Arbitre de mon sort, ah ! c'est assez punir :
Dans le même tombeau daigne au moins nous unir.
Sauve de sa foiblesse, épargne à ta vengeance,
Un cœur qui te chérit, & pourtant qui t'offense.
La mort que je verrai d'un regard satisfait,
Sera le premier don, que mon Dieu m'aura fait.

Tels sont mes vœux, mes pleurs, mes plaintes inutiles,
Et le trépas pour moi semble fuir ces asyles…
Es-tu content, mon pere ? A mon seul souvenir,
Combien, au fond du cœur, ne dois-tu pas frémir ?
A ces horribles traits , faut-il te reconnoître ?
Je devrois te haïr : c'est toi qui m'as fait naître.
Ton nom seul me consterne & me remplit d'effroi.
Mes pleurs, depuis vingt ans, déposent contre toi.
O toi, par le devoir, à ses destins unie,
Fais lui, pour me venger, l'histoire de ma vie ;
Qu'il frémisse à son tour... porte au fond de son cœur,
Mes sanglots, mes regrets, le cri de ma douleur.
D'un fils tendre & soumis persécuteur sévere,
Bourreau d'Adélaïde, est-il encor mon pere ?
Non ! de sa main barbare il a brisé nos nœuds :
Puissé-je transporter ce cerceuil sous ses yeux !
Puissent ces noirs tableaux l'environner sans cesse,

Et le malheur d'un fils tourmenter sa vieilleſſe !

Qu'ai-je dit?… ah !.. pardonne à mon égarement,

Ces coupables tranſports , ces fureurs d'un Amant.

Malgré ſa cruauté, je ſens que je l'honore :

Il ne m'aima jamais , & moi, je l'aime encore.

Dérobe lui mes maux , confiés à ta foi :

S'il peut te conſoler, il eſt un Dieu pour moi.

O penſée accablante ! ô comble de miſere !

J'ai donc perdu le droit de conſoler ma mere !

Un devoir redoutable enchaîne ici mon ſort ,

Et m'attache vivant aux horreurs de la mort !

Ma mere !.. c'en eſt fait…, je ſens que je ſuccombe…

Chere Amante , eſt-ce toi qui ſouleves ta tombe ?…

Elle s'ouvre ; c'eſt toi… je te ſuis… je me meurs…

Que le trépas eſt doux après tant de malheurs !

LETTRE VII.

DE BARNEVELT
A TRUMANT.

C'est du fond d'un cachot, que Barnevelt en pleurs
Fait passer jusqu'à toi l'accent de ses douleurs ;
Barnevelt, ton ami, mais indigne de l'être,
Et dont tu vas rougir, quand tu vas le connoître ;
Barnevelt !… ton ami !… que ce nom, cher Trumant,
Déshonoré par moi, redouble mon tourment !
Hélas ! il fit long-tems ma gloire & mes délices :
Les plus doux souvenirs sont pour moi des supplices.

Mais par où commencer ? Ma parricide main
Pourra-t-elle à tes yeux retracer mon destin,
Te traîner sur mes pas au fond de cet abîme,
Et verser dans ton cœur l'amertume du crime ?
Tes jours purs & sereins s'écoulent dans la paix :
Irai-je les souiller du récit des forfaits ?
Infortuné !… du moins, gémissons en silence :
Respectons le bonheur, que goûte l'innocence.

Que dis-je ? Cette voix dont les échos divers,
En murmures confus, parcourent l'univers,

Viendroit te répéter, au fond de ta retraite,

Quels font mes attentats, quel fupplice on m'apprête.

Elle diroit le crime, & tairoit le remord.

Moi-même, en frémiffant, je t'apprendrai mon fort.

Dans cet horrible aveu je trouverai des charmes...

Et tu ne pourras point lui refufer tes larmes.

Avant que l'afcendant de mes deftins affreux,

Pour m'ôter mon appui, t'éloignât de ces lieux,

Mon cœur te fut ouvert, tu connus ma maîtreffe ;

O ! mon ami, toi-même approuvas ma tendreffe !

« Cher Barnevelt, je pars, fois heureux, me dis-tu :

» Un innocent amour ajoute à la vertu ».

Eh ! quels cœurs froids & durs, c'eft toi que j'en attefte

N'auroient point adoré cette beauté funefte ?

Jeuneffe, éclat, fraîcheur, mille appas raviffans,

N'étoient point à mes yeux fes traits les plus puiffans.

De l'infortune même elle empruntoit fes armes,

Et devoit à fes pleurs encor plus qu'à fes charmes.

Tu dois t'en fouvenir : en un lieu retiré,

Afyle folitaire, & de Londre ignoré,

Elle couloit des jours, foumis à la décence.

Dans le fein du malheur, même de l'indigence,

Elle fembloit garder une noble fierté,

Et ne point foupçonner l'abus de la beauté.

Je crus trouver l'objet, digne enfin de ma flâme ;
Je lui vouai mes foins, je lui livrai mon ame ;
Cette ame jeune encore, où régnoit la candeur ;
Cette ame tendre & pure, avide de bonheur.
Combien j'aimois Fani ! combien j'étois fincere !
Avec quel abandon je cherchois à lui plaire !
Je lui facrifiois… jufques à mes defirs !
Je partageois fes maux ; c'étoient là mes plaifirs.

 Eh bien, cette Fani… j'en rougis…j'en friffonne,
Cette même Fani… la force m'abandonne…
Cet objet, le plus cher à mon cœur éperdu,
Idolâtré par moi, c'eft lui qui m'a perdu.
Apprens tout & frémis : l'enchantereffe à peine
De mon être foumis fe fentit fouveraine ;
Elle jura ma perte, & fon art dangereux
Dans le piége déjà traînoit un malheureux.
Des biens, dont mes parens me permettoient l'ufage,
J'apportois à fes pieds l'infuffifant hommage.
Ces fecours, dans Fani, redoubloient le defir,
Le befoin de briller, plus vif que le plaifir,
L'ambition, l'inftinct de ce pouvoir fuprême,
Qu'un fexe impérieux préfére à l'amour même ;
Et moi, je m'accufois, dans mes vœux infenfés,
Lorfque je faifois tout, de n'en point faire affez.

Je plaignois fes ennuis: jufqu'au fond de mon ame,
La perfide obfervoit les degrés de ma flâme.
Sa douleur à mes yeux croiffoit de jour en jour,
Et d'un fecret reproche accabloit mon amour.
Il eft donc des momens , où , panché vers l'abîme,
Malgré lui, l'homme tombe entre les bras du crime !
Je ne vis que Fani , j'interprétai fes vœux…
Et, prêt à m'avilir , je me crus généreux.

Le fage Sorogoud , ce frere de mon pere,
Commerçant refpectable, à l'Etat néceffaire,
Aux plus grands intérêts m'affociant alors,
Dans mes perfides mains dépofoit fes tréfors.
J'ofai les détourner ! grand Dieu ! pour quel ufage !
Fani le commandoit… oui, ce fut fon ouvrage.
Je lui portai foudain, confus, faifi d'horreur,
Cet or, cet or fatal… payé de mon honneur !

Les recherches de l'art , fa brillante impofture,
Ornerent dans Fani les dons de la nature.
Elle paroît… & leve un front plus orgueilleux ;
De ma honte parée, elle éblouit les yeux.
Mon amour en acquit une force nouvelle ;
Je refpirois l'encens que l'on brûloit pour elle…
De la féduction elle eut tous les fecrets,
Et , par tous les liens , m'enchaînoit aux forfaits.

Plongé dans un délire, excusable peut être,
De mes sens égarés je n'étois plus le maître.
A chaque pas, ami, je trouvois un écueil ;
Je dépendois d'un mot, d'un geste, d'un coup d'œil.
De ce sommeil de mort, hélas ! si redoutable,
Oseras-tu prévoir la suite épouventable ?
Non... ce comble d'horreur ne peut s'imaginer :
J'ai fait ce que, sans crime, on ne peut soupçonner.

Sorogoud ignoroit que ma bassesse extrême,
De ses biens confiés, le dépouilloit lui-même :
Mais bientôt il apprit quel funeste poison
Embrasoit tous mes sens, & troubloit ma raison.
Sa tendresse en conçut un sinistre présage.
Ce vieillard redoutoit la fougue de mon âge,
Un cœur simple, facile, aisément abattu,
Enclin à la foiblesse, ainsi qu'à la vertu,
Le feu des passions, allumé dans mes veines ;
La beauté de l'objet dont je portois les chaînes ;
Et contre elle, bientôt, armé d'ordres secrets,
Il voulut m'affranchir du joug de ses attraits.

Fani l'apprend, je vole... elle s'offre à ma vue,
L'œil de larmes noyé, sur un lit étendue,
La pâleur sur le front, dans ce trouble enchanteur,
Avec tous ces appas, qu'embellit la douleur.

Elle me tend les bras, me remplit de sa flâme ;

L'ardeur de ses baisers coule au fond de mon ame.

« Barnevelt… cher Amant, dit-elle, je te vois,

» Et je t'embrasse, hélas ! pour la derniere fois…. »

Je les entends encor ces mots si redoutables,

Ces parjures sanglots , & ces soupirs coupables.

Sur le sein de Fani je retombe mourant.

« O mon cher Barnevelt , poursuit-elle, en pleurant !

» Tout est fini pour moi… Sorogoud… ce barbare…

» Ce monstre veut ma mort ! demain il nous sépare !

    » O forfait , m'écriai-je ! il faut le prévenir.

» Tu dictes mes devoirs , & je cours les remplir.

» Qu'il me traite en esclave, &, s'il veut, en victime,

» L'amour seul est mon Dieu ; c'est lui seul qui m'anime ;

» C'est lui seul que j'écoute. Hé bien , entens sa voix ,

» Reprit-elle : il te parle , il t'impose ses loix.

» Mais ne perds point de tems : demain , si tu differes,

» On éléve entre nous d'éternelles barrieres.

» Plus de Fani pour toi ; pour moi plus de vengeur.

» Préviens ce coup affreux, préviens notre malheur,

» Mon trépas & le tien. La nuit paroît moins sombre ;

» Un foible crépuscule a pénétré dans l'ombre :

» Tu sais que Sorogoud, va , dès l'aube du jour,

» S'enfoncer dans le bois voisin de ce séjour.

» Il y demande au Ciel ta perte & ma ruine ;

» Va, qu'il y trouve seul la mort qu'il nous destine.

» Prens ce masque & ce fer ; va, cours, frappe, & soudain,

» Toute entiere à toi seul, je me jette en ton sein.

» Nous fuirons, s'il le faut, aux plus lointains rivages ;

» L'amour m'embellira les lieux les plus sauvages.

» Mais frémi ; si jamais, foible & timide Amant,

» Tu m'oses préférer l'auteur de mon tourment ;

» Si tu crains de verser un sang que je déteste :

» Pour répandre le mien, cet autre fer me reste ».

O cher Trumant ! peins-toi ton malheureux ami,

Foudroyé par ces mots, respirant à demi,

Cherchant en vain sa voix, dans les sanglots mourante,

Renversé dans les bras de sa cruelle Amante,

Qui joignoit la tendresse à ces instans d'horreur,

Et les feux de l'amour à ceux de la fureur :

Peins-toi, si tu le peux, cette effrayante scene ;

Ce trouble, ces transports d'une femme inhumaine ;

Ce lit, ce lit fatal, d'une lampe éclairé,

Et ce double poignard par Fani préparé.

Que te dirai-je enfin ? attendri par ses larmes,

Vaincu par ses regards, entraîné par ses charmes,

Ses menaces, ses cris... je promis tout... ô cieux !

Fani, dans ces momens, me force d'être heureux ;

Avant de l'égorger, enivre la victime....
Et fon dernier baifer eft le fignal du crime.

　Elle égare mon cœur, elle enhardit mon bras ;
D'une main affurée elle conduit mes pas.
Enfin, pâle, tremblant, dans un morne filence,
Je fors, marche au hafard, frémis, pleure, balance.
Si, dans mon défefpoir, je fouleve mes yeux,
Chaque objet que je vois m'eft un préfage affreux.
Le foleil à regret commençoit fa carriere ;
Un nuage de fang me cachoit fa lumiere.
La terre gémiffoit ; des torrens, fous mes pas,
Murmuroient les accens de meurtres, d'attentats.
Tout me fembloit flétri de mon haleine impure :
L'afpect d'un affaffin confternoit la nature.
Il fembloit que le Dieu, qui punit les pervers,
Fît de la mort d'un fage un deuil pour l'univers.

　J'entre enfin dans ce bois, pour moi feul formidable,
Afyle accoutumé d'un vieillard refpectable.
Je l'apperçois : le front élevé vers les cieux,
Au Monarque fuprême il adreffoit des vœux ;
Il offroit un cœur pur, une longue fageffe,
Ce calme attendriffant d'une heureufe vieilleffe ;
L'ufage de fes biens, fans remord amaffés,
Au fein des malheureux, par lui-même verfés :

Soixante

Soixante ans de travaux ! qu'il me parut augufte !
Que le coupable fouffre en préfence du jufte !
D'avance je fentis tous ces tourmens fecrets ,
Et ce déchirement qui fuit les grands forfaits.
Près d'un arbre appuyant ma démarche tremblante,
Le fer tomba vingt fois de ma main défaillante ;
Vingt fois contre mon cœur je voulus le tourner :
Je crus loin de ce lieu me fentir entraîner.
Mais de Fani, bientôt, la menaçante image
S'offrit à mes regards , & me rendit ma rage.
Oui, je croyois la voir, dans mon trouble inhumain,
Errer autour de moi, fe découvrir le fein ;
Me dire : frappe , lâche, ou j'expire à ta vue.
Ces mots retentiffoient dans mon ame éperdue ;
Ce fantôme chéri guidoit, preffoit mes pas ;
Vainqueur de mes remords, il affermit mon bras.
Ne voyant que Fani, refpirant fa vengeance,
Furieux un inftant... ô Trumant, je m'élance,
Je vole, & , dans les flancs de ce foible vieillard,
Ma main dénaturée enfonce le poignard.
Il jette un cri , fuccombe, & d'une voix mourante,
« Dieu, quel réveil, dit-il, pour toi plein d'épouvante,
» O mon cher Barnevelt ! loin de moi que fais-tu ?
» Dans ces cruels momens , tu m'aurois défendu.

F

» Dieu, veille sur ses jours, veille sur sa jeunesse,

» Et d'un semblable sort préserve sa vieillesse ! »

Effrayé de moi-même, inanimé, tremblant,

Je jette avec horreur mon poignard tout sanglant ;

Je m'éloigne & reviens : des pleurs trop inutiles

Coulent à longs ruisseaux de mes yeux immobiles.

Je ne puis m'arracher de cet objet affreux,

Et vais tomber enfin sur ce corps malheureux.

Sorogoud ouvre à peine une foible paupiere ;

Il se voit secouru d'une main meurtriere,

Je me découvre alors ; &, s'arrêtant sur moi,

Son œil peint la tendresse encor plus que l'effroi.

« Est-ce toi, me dit-il, dont le bras sanguinaire

» Assassine un vieillard qui ta servi de pere ? »

Hélas ! le croiras-tu ? loin de me repousser,

Il paroissoit me plaindre, & vouloit m'embrasser.

Sa bouche laisse à peine échapper un murmure ;

La mienne, en sanglotant, s'attache à sa blessure :

J'en étanche le sang, il repaît ma douleur ;

Et des flots de ce sang ont coulé dans mon cœur.

Secours vains & tardifs ! ses membres se roidissent,

Sa main me quitte, tombe, & ses yeux s'obscurcissent :

Sa lamentable voix exhale un dernier son,

Et se ranime encor pour sceller mon pardon.

Dans cet effort fublime, il s'épuife, il expire,
Il meurt entre mes bras ; il meurt ! & je refpire !
Je ne me connois plus : chancelant, égaré,
Dans les détours du bois je fuis défefpéré.
La barbare Fani réclamoit fa victime :
En tribut à fes pieds, je cours porter mon crime.
Au comble des forfaits, au comble de l'horreur,
J'entrevoyois encore un rayon de bonheur.
Si j'étois parricide, au moins c'étoit pour elle ;
Et, pleurant Sorogoud, j'adorois la cruelle.
A peine elle me voit, le bras enfanglanté :
« C'en eft donc fait, dit-elle, & le coup eft porté ?
» Vien...fui-moi... mais où font les tréfors du perfide ?
» Ses tréfors, m'écriai-je ! arrête...au parricide
» Joindre le facrilége ! ah ! Fani, laiffe-moi...
» Ne me demande rien... refpecte mon effroi...
» Vois ce fang, vois mes pleurs »... déjà cette furie
Pâlit de mes remords, & tremble pour fa vie ;
Tremble d'être furprife avec un affaffin.
O fureur inouïe ! exécrable deffein !
Pleine d'une horreur feinte, inquiete, éperdue,
Elle fuit : un moment, elle échappe à ma vue.
Coupable par l'amour, & par l'amour puni,
On vient, on me faifit par l'ordre de Fani.

F ij

Je voulois lui parler, & ma langue glacée
Refusoit son organe à mon ame oppressée.
Je restois immobile, & je crus quelque tems,
Que de noires vapeurs venoient tromper mes sens.
Je tâchois d'excuser cette femme inhumaine.
On me charge de fers, à ses yeux on m'entraîne.
Ah ! Fani, m'écriai-je, en lui tendant les bras !
Ah ! Fani… je sortis, & ne l'accusai pas.

Pardonne, cher Trumant, ce récit effroyable.
Pardonne… je pouvois devenir plus coupable.
Non, tu ne conçois pas quelle étoit mon erreur ;
L'excès de mon amour, l'excès de ma fureur ;
Cet abandonnement, cette fatale ivresse,
Cette fievre des sens, que je nommois tendresse.
Nourri de jour en jour par un monstre adoré,
Ce penchant infernal m'avoit dénaturé.
J'avois reçu des cieux quelques vertus peut-être :
Fani, d'un seul regard, faisoit tout disparoître.
Si, dans ses noirs accès, Fani l'eût ordonné….
Toi-même, ô mon ami, je t'eusse assassiné.

Tu frissonnes !… hé bien : assassin… & victime,
L'horreur de mon tourment surpasse encor mon crime.
Si j'ai quelques instans d'un pénible sommeil,
Soudain ils sont troublés par l'effroi du réveil.

Pour moi, toujours rongé de ſerpens inviſibles,
D'horribles jours font place à des nuits plus horribles.
Sorogoud me pourſuit, je l'entends, je le voi ;
Sa bleſſure toujours ſe r'ouvre devant moi ;
Et, dans cette effrayante & lugubre demeure,
Sur la terre étendu, je frémis ou je pleure.
Malgré tous mes forfaits, oui, pour ton amitié,
Oui, je ferois encor un objet de pitié.
Ton ame s'ouvriroit à mes douleurs mortelles....
Tes larmes ſe joindroient à mes larmes cruelles :
J'entendrois tes ſoupirs ; je verrois ta vertu
Soutenir un coupable, à tes pieds abattu ;
Un criminel ami, rougiſſant de lui-même,
Qui fut chéri de toi, qui ſe repent, qui t'aime ;
Objet infortuné de mépris & d'effroi,
Mais digne cependant d'être pleuré par toi.
Hélas ! ſi je pouvois jouir de ta préſence,
D'un moment d'entretien obtenir l'indulgence,
Toucher encor ta main, & répondre à ta voix,
Me plonger dans ton ſein pour la derniere fois ;
Te ſerrer dans mes bras !... inſenſé ! je m'égare ...
Qui, toi ! toi, mon ami ! dans les bras d'un barbare !...
Ah ! ces liens de fer doivent ſeuls m'embraſſer.
La nature m'abhorre, & doit me repouſſer.

F iij

J'abjure, cher Trumant, un souhait qui te blesse.
Eh ! de quel prix pour toi peut-être ma tendresse?
  Demeure dans tes champs, dans ces paisibles lieux,
Asyles du vrai sage, & du mortel heureux,
Cultivés par toi-même, & que tu rends fertiles,
Où ta main se consacre à des travaux utiles :
Où l'approche du crime, & l'accent du malheur,
Ne troublent point tes jours, aussi purs que ton cœur.
Peut-être en cet instant, l'œil serein, l'ame émue,
En parcourant des cieux la brillante étendue,
Pénétré de respect, & de joie enflammé,
Tu bénis en secret l'être qui t'a formé :
Peut-être, encor rempli d'un si noble délire,
Tu vois avec transport tes enfans te sourire ;
Et, fiere du bonheur qu'elle lit dans tes yeux,
Ton épouse fidelle applaudir à leurs jeux.
Moi-même… à ce bonheur j'avois osé prétendre ;
J'adorois, dans Fani, l'épouse la plus tendre :
Je préparois déjà ces liens fortunés,
De deux cœurs l'un à l'autre à jamais enchaînés.
Que je me suis trompé ! victime déplorable,
C'est l'attrait des vertus qui m'a rendu coupable.
O célestes plaisirs, qu'autrefois j'entrevis,
Qui te sont prodigués, & qui me sont ravis!

Va, jouis-en long-tems, ils font ta récompenfe :
Ceuille & moiffonne en paix les fruits de l'innocence.
Les malheurs que du fort te gardoit le courroux,
Qu'ils fe joignent aux miens, je les réclame tous !
Qu'ils n'approchent jamais de ton ame fublime !
Les maux font mon partage;ils font faits pour le crime.

 Inutiles fouhaits ! Barnevelt, que dis-tu ?
Eh ! peut-on être heureux, après t'avoir con nu ?
Quand on doit partager l'horreur qui t'environne,
Quand on refpire un air que ton crime empoifonne ?
Ami, confole toi, je mourrai vertueux.
Mon ame, par degrés, s'épure pour les cieux.
J'ofe tout efpérer de l'Arbitre fuprême :
Ses auguftes décrets qui l'enchaînent lui-même,
Sont toujours à nos yeux d'ombres environnés :
Les forfaits qu'il punit, font déjà pardonnés.

 Sages vengeurs des loix, qu'oublia ma furie,
Que mon affreufe mort puiffe expier ma vie !
Et puiffe, par mon fang, goutte à goutte verfé,
Le fang de Sorogoud être enfin effacé !
Vous auriez à rougir d'une lâche indulgence.
A des mânes chéris il faut une vengeance :
Il la faut éclatante ; il faut épouvanter
Ces cœurs,ces foibles cœurs qui pourroient m'imiter….

Je crois être à ce jour : cette image sanglante,

Bien loin de m'effrayer, est pour moi consolante.

Je vois nos Citoyens, confusément épars,

Fixer sur Barnevelt leurs avides regards,

Parler, s'interroger, s'indigner de mon crime,

Détester à la fois, & plaindre la victime.

Du voile de la nuit mes tourmens sont couverts ;

Ma honte doit paroître aux yeux de l'univers.

Que dis-je ? cette mort flétrissante & cruelle,

La mort d'un assassin, on peut la rendre belle.

Un repentir sincere attendrit tous les cœurs.

Combien de criminels ont fait verser des pleurs !

O Trumant, si Fani, par qui je fus coupable,

Peut hériter au moins du remord qui m'accable !

Si des rayons secrets pénétroient dans son cœur !

Si Fani quelque jour expioit sa fureur !

Sur-tout n'abuse point de cet écrit funeste :

Je suis loin de nourrir un feu que je déteste ;

Mais la pitié me parle, & j'écoute sa voix.

Moi seul, de mon forfait, je veux porter le poids.

Que le sien soit voilé d'une nuit éternelle !

Ce cœur qui put l'aimer, ne peut se venger d'elle.

Ne sois point généreux & sensible à demi :

Ce sont les derniers vœux que forme ton ami.

Au trépas qui m'attend, s'il faut qu'elle me ſuive,
Crains les gémiſſemens de mon ombre plaintive.
Un inſtant ranimé pour ce tourment nouveau,
Je ſentirois ſa mort dans l'horreur du tombeau.
Ne crois point que Fani, par ſa cruelle adreſſe,
De quelqu'autre jamais égare la jeuneſſe.
Son empire eſt fini : va, n'en redoute rien.
Il n'eſt dans l'univers qu'un cœur comme le mien…

Le ſien ſera changé. Toi, mon Dieu, toi, mon Juge,
La terreur du coupable, & pourtant ſon refuge,
Tu peux tout réparer. Le plus beau de tes droits
Eſt de parler aux cœurs, transformés à ta voix.
Parle, agis, dans ſes yeux mets deux ſources de larmes :
Aurois-tu pour le crime aſſemblé tant de charmes ?
Que Barnevelt mourant, que Barnevelt puni
Obtienne par ſes pleurs les remords de Fani.

Mais quel bruit de ces lieux interrompt le ſilence ?
Mon cachot ſe referme, & vers moi l'on s'avance…
Ah ! ſi c'étoit la mort que l'on vînt m'annoncer !
Toi que, dans ces momens, je ne puis embraſſer,
Reçois, mon cher Trumant, mes adieux les plus tendres.
Hélas ! de quelques pleurs daigne honorer mes cendres.
Par ce dernier eſpoir mon cœur eſt affermi,
Je mourrai trop heureux, ſi je meurs ton ami.

LETTRE VIII.

DE ZÉILA

A VALCOUR.

DES tranquilles déserts une simple habitante,
Vers le déclin du jour, au fond des bois errante,
Rencontre sur ses pas un jeune infortuné,
Par une flêche atteint, mourant, abandonné.
Elle approche, lui tend une main salutaire;
Quoi qu'il soit étranger, le traite comme un frere;
Le traîne avec effort dans un antre voisin,
Ranime, par degrés, la chaleur dans son sein,
Et lave de ses pleurs sa profonde blessure…
Il renaît, croit son cœur, & cede à la nature.
Attirés l'un vers l'autre, & prompts à s'enflammer,
Ils deviennent Amans, par le besoin d'aimer.
Après deux ans passés dans la plus tendre ivresse,
(Que n'eût point fait pour lui sa crédule maîtresse!)
Elle quitte ses bois, elle franchit les mers,
Et le suit, sans regret, dans un autre univers.
C'est là, qu'ouvrant son ame au plus noir artifice,
Il conçoit le dessein de fuir sa bienfaitrice.

Trop fincere pour craindre, ou préfager fes maux,
Tandis qu'elle goûtoit les douceurs du repos,
O crime! ô trahifon! cet ingrat qu'elle adore,
S'arrache de fes bras, qui le ferroient encore;
S'applaudit en fecret de fon affreux fommeil,
S'éloigne... & l'abandonne aux horreurs du réveil!...

Je t'en ai dit affez; tu connois le perfide.
Un moment, fouviens-toi des champs de la Floride,
De ces champs, où j'aimai pour la premiere fois,
Où je crus, fous tes traits, voir un Dieu dans nos bois.
Oui, c'eft moi qui t'écris! c'eft l'objet de ta rage,
Ton Amante, & ta fœur que tu nommois fauvage,
Dont les foins t'ont fauvé de cent périls offerts,
Et qui fut pour toi feul embellir fes déferts.

Depuis l'horrible jour qu'elle pleure ta fuite,
Pour te parler de toi, Zéïla s'eft inftruite.
Oui, j'appris ton langage, hélas! trop féducteur,
Et, qu'avant de l'entendre, interprétoit mon cœur.
J'étudiai, j'aimai cet art, cet art fuprême,
Pour confoler l'amour, inventé par lui-même;
Qui peignit tant de fois les plaifirs des Amans,
Et ne me fert hélas! qu'à peindre mes tourmens.

Valcour, ils font affreux! fur un trifte rivage,
Loin de toi je languis, je meurs dans l'efclavage.

Seule dans l'univers, je n'ai devant les yeux,
Au lieu de mon Amant, qu'un maître impérieux,
Qui m'interdit les pleurs, qui défend le murmure :
J'ai perdu tous les droits que donne la nature ;
Et j'éprouve, soumise à de barbares loix,
La crainte & le mépris, inconnus dans les bois.
En vain mon fils, ce fils (tu t'en souviens peut-être)
Fruit des plus tendres feux que l'amour ait fait naître,
Qu'au ciel tu demandois, que ton sang a formé,
Et, quand tu me quittas, dans mes flancs renfermé :
En vain ce fils si cher, puisqu'il est ton image,
Sourit à mes chagrins, si peu faits pour son âge,
Et me presse toujours de ses bras caressans ;
Je mêle des soupirs à ses jeux innocens.
Mes yeux, en le voyant, se remplissent de larmes.
Sans secours, sans appui, sans titres que ses charmes,
Et jouet malheureux de mon triste destin,
Il n'apprendra de moi qu'à pleurer dans mon sein.
Hélas ! en étouffant les sentimens d'un pere,
Tu m'as même ravi les plaisirs d'une mere.
Ah ! Valcour, ah ! cruel… lorsque tu me trahis,
Tu frappas d'un seul coup ton Amante & ton fils.

    Cependant, tu le sais, j'ai tout fait pour te plaire ;
Et, si j'ai dû t'aimer, j'ai bien dû t'être chere.

Dieux! avec quels tranfports je volois dans fes bras!

Combien de fentimens… que je n'exprimois pas!

Exiftant par toi feul, à toi feul affervie,

Je rendois grace au ciel, je chériffois la vie ;

J'étois loin de contraindre ou de cacher mes feux ;

J'eus l'orgueil de l'amour, quand l'amour eft heureux.

Rappelle-toi mes foins… payés par mon outrage,

Mon zele infatigable, & fur-tout mon courage ;

Cette grotte, ces lieux, témoins de mon bonheur,

Où je poffédois tout, en poffédant ton cœur.

De nombreux arbriffeaux je l'avois entourée,

Et leur rameaux unis en déroboient l'entrée.

Là, tu ne redoutois, heureux par mes fecours,

Ni la fraîcheur des nuits, ni la chaleur des jours.

C'eft moi, qui, choififfant ma flêche la plus fûre,

Courois dans les fôrêts chercher ta nourriture :

C'eft moi, qui, le matin, dans les plus clairs ruiffeaux,

Pour te défaltérer, allois puifer les eaux.

Quand le midi brûlant dévoroit les campagnes,

Quand les oifeaux fuyoient le fommet des montagnes,

Regagnant, avec toi, nos abris toujours verds,

Affife à tes côtés, j'oubliois l'univers.

J'entrelaçois des joncs pour foutenir nos treilles ;

Pour nos fleurs & nos fruits, je treffois des corbeilles.

Avec tes longs cheveux j'aimois à badiner ;

D'un feuillage nouveau j'aimois à les orner.

Souvent ta Zéila , ne pouvant davantage,

A tes fons enchanteurs mêloit fa voix fauvage.

Je te voyois fourire & voler dans mes bras :

Les heures s'écouloient, tu ne les comptois pas.

 Mais, dès que le zéphir, murmurant dans la plaine,

Venoit répandre au loin le frais de fon haleine ,

C'eft alors qu'avec toi , dans les bois d'alentour ,

J'allois , par un beau foir , terminer un beau jour.

Un afyle écarté , myftérieux & fombre ,

Protégeoit nos plaifirs du fecret de fon ombre.

Près de nous, mille oifeaux , jaloux de nos tranfports,

Sur les rameaux émus foupiroient leurs accords.

Entremêlant leurs becs & leurs plumes nouvelles,

Fortunés comme nous, ils oublioient leurs aîles.

Que de tendres baifers , dans ce riant féjour,

Multipliés , donnés , & rendus par l'amour !

 Dieu de nos bois, ô Dieu ! que le feul crime outrage,

Je ne t'offenfois point par un fi pur hommage :

J'ofe le croire au moins. Deux êtres innocens,

Réunis par l'accord de tous les fentimens,

Formant les mêmes vœux , & confondant leur ame,

Chaque jour , plus heureux, fans épuifer leur flâme ;

Ces pleurs délicieux, qui coulent dans leur sein,

Au milieu de ces pleurs, leur front toujours serein,

Et le recueillement de leur volupté pure,

Sont les plus doux objets que t'offre la nature.

Tu ne peux condamner ce fortuné lien :

Le bonheur des mortels augmente encor le tien.

 Combien j'étois heureuse ! ah Valcour ! ah perfide !

Combien de fois la nuit, dans sa course rapide,

Vint-elle nous surprendre en ces charmans réduits !

Je ne distinguois plus ni les jours ni les nuits.

Alors, sur mes genoux, je reposois ta tête :

Au bruit le plus léger, tremblante, toujours prête,

Et, rassurant ton cœur, trop occupé de moi,

Je feignois de dormir, & je veillois pour toi.

Quelques mots t'échappoient ; je croyois les comprendre :

Ce que dicte l'amour, l'amour le fait entendre.

 Tu me disois sans doute : « ô mon unique appui,

» Je t'adorois hier, je t'adore aujourd'hui !

» Ma chere Zéila, je te serai fidele ;

» Aux yeux de ton Amant, tu seras toujours belle.

» Je suis content des biens qui me sont réservés ;

» Va, je te dois les jours que ta main a sauvés :

» Tu peux en disposer, puisqu'ils sont ton ouvrage.

» Oui ; j'en prends à témoin ces berceaux, cet ombrage,

» Ces gazons parfumés, trône de nos desirs,

» Dont l'empreinte encor fraîche atteste nos plaisirs;

» Ces antres tapissés d'une vigne abondante;

» L'onde de ces ruisseaux sous ces palmiers errante;

» Cent baisers amoureux, que je vais te donner,

» Et ces naissantes fleurs, qui vont te couronner ».

     Oui, si j'en crois mon cœur, ce fut là ton langage.

Quel changement, ô ciel!... mais dis, par quelle rage

As-tu voulu troubler le cours de mes destins,

Et, pour des biens peu sûrs, en quitter de certains?

De trésors, près de moi, tu n'étois point avide.

L'or, à côté des fleurs, germe dans la Floride;

Ta main cueillit les fleurs, l'or ne t'a point tenté.

L'or n'est rien en des lieux, où rien n'est acheté.

Comblé de mes bienfaits, tu laissois à la terre

Ce métal si brillant, & si peu nécessaire.

Valcour, depuis ce tems, a-t-il changé de vœux?

Ce qu'il fouloit aux pieds, peut-il le rendre heureux?

     Un bonheur ignoré te fatiguoit peut-être:

Valcour, trop jeune encor, n'avoit pu se connoître;

Et l'amour de la gloire, hélas! toujours trompeur,

Avec l'ennui, sans doute, est entré dans ton cœur?

Hé bien! dans nos forêts ce desir téméraire,

Cet instinct dangereux, tu l'as pu satisfaire.

Combien

Combien de fois j'ai vu, de la cîme des monts,
Leurs habitans defcendre au fond de nos valons!
Ces mortels indomptés, ces ames inflexibles,
Aux charmes de ta voix, tu les trouvois fenfibles.
Quand tu la mariois au fon des inftrumens,
Quels étoient leurs tranfports & leurs raviffemens!
Danfans autour de nous, ils quittoient leur rudeffe;
Ils marquoient, par des cris, leur farouche allégreffe;
Et leurs bras fufpendus, enchaînés fous tes loix,
Laiffoient la flêche oifive au fond de leurs carquois.
Chaque jour, dans leurs cœurs, augmentoit ta puiffance,
Et ces droits fi touchans, fondés fur l'innocence.
Des fauvages charmés fe joignoient à tes jeux:
Ah! qui les défarmoit, auroit régné fur eux.

Dans quelle illufion va s'égarer mon ame!
L'ambition ni l'or ne m'ont ravi ta flâme.
Des rigueurs de mon fort, des maux que tu m'as faits,
Je ne dois accufer que mes foibles attraits.
Peut-être qu'en effet tu n'es point fi coupable;
Peut-être à tes regards je ceffois d'être aimable.

On dit que, parmi vous, on permet le détour;
Que l'Amant, fûr de plaire, y languit fans amour.
On dit que la tendreffe eft foumife au caprice;
Que même la beauté n'eft qu'un vain artifice,

G

Un masque séduisant qui trompe votre espoir,

Et qu'on prend le matin, pour le quitter le soir.

Moi, je n'eus dans mes bois, loin de toute imposture,

Que le plaisir pour fard, que des fleurs pour parure.

Je laissois, tu l'as vu, sans projet, sans dessein,

Mes cheveux se jouer, & tomber sur mon sein.

Jamais rien n'altéra mes naïves tendresses ;

L'art ne glaça jamais le feu de mes caresses ;

Ma bouche sur la tienne, & mon cœur sur le tien,

Je te prodiguois tout, & je ne feignois rien.

Mais pourquoi rappeller mon bonheur & tes crimes ?

Seconde enfin des vœux, hélas ! trop légitimes.

Je t'ai sauvé le jour, accorde m'en le prix ;

Sauve-moi, par pitié, des horreurs du mépris,

Du destin qui m'attend, d'un maître qui me brave.

Tu m'as abandonnée… Ah ! c'est trop d'être esclave !

C'est trop d'être avilie… au cri de mes douleurs,

Ne ferme plus ton ame, & respecte mes pleurs.

    Je suis toujours aux bords, où Valcour m'a laissée ;

Je n'y vois point d'objets, dont je ne sois blessée.

On y parle d'un lieu, dont le nom fait rougir,

Où tous les sentimens ne savent qu'obéir ;

Où l'orgueil à ses pieds fait traîner l'innocence ;

Où le tyran des cœurs est un Dieu qu'on encense :

Que te dirai-je enfin ? ou l'inhumanité

Prodigue au déshoneur le nom de volupté.

C'est là, c'est dans ce lieu, que, pour toute sa vie,

Ta Zéïla, bientôt, doit être ensevelie.

Pourras-tu le souffrir ? le voudras-tu, cruel ?

Ah ! j'en jure par toi, j'en atteste le ciel ;

S'il vouloit égaler ma force à mon courage,

S'il vouloit m'affranchir d'un honteux esclavage,

Entendre enfin mes vœux, je te ferois bien voir

Tout ce que peut l'amour, quoi qu'il soit sans espoir,

Sur la terre il n'est rien que Zéïla redoute :

Oui, je saurois vers toi me frayer une route.

Au bord, qui te retient, j'irois, n'en doute pas,

J'irois, je volerois, ton fils entre mes bras.

Je franchirois les monts, les lieux les plus sauvages :

Je ferois de ton nom retentir les rivages ;

Enfin, ta Zéïla parviendroit jusqu'à toi ;

J'oserois attester mes bienfaits & ta foi :

Tu verrois à tes pieds & ton fils & sa mere,

Si malheureuse, hélas ! & qui te fut si chere !

Serois-tu sans pitié ? pourrois-tu repousser

L'innocence & l'amour unis pour t'embrasser ?

Non, un si doux spectacle auroit pour toi des charmes:

Un reproche secret feroit couler tes larmes ;

G ij

Et je verrois Valcour, fier de m'appartenir,

Implorer son pardon... bien sûr de l'obtenir.

    Mais l'horreur de mon sort m'enchaîne sur ces rives.

Mes pas sont observés, & mes larmes captives.

Toi seul, dans l'univers, peux briser mes liens :

Ouvre les yeux sur moi, mes malheurs sont les tiens.

Goûtes-tu le repos, loin d'une infortunée,

Par toi, par toi, Valcour, à gémir condamnée ?

N'entends-tu pas mes cris, mes sanglots, mes soupirs ?

Dans le sein des remords, est-il donc des plaisirs ?

On prépare ma honte : en es-tu le complice ?

Ne diffère plus : viens, sauve ta bienfaitrice,

Accours ; &, si tu crains de me rendre mes droits,

Rends-moi, du moins, rends-moi mes déserts & mes bois

L'arbre où tu reposois, la grotte solitaire,

Où, pour comble de maux, Zéïla devint mere ;

Cet innocent réduit, ce ciel pur & serein,

Que, sans toi, n'eut jamais obscurci le chagrin.

Là, mon fils, mon cher fils (hélas ! sans te connoître)

Apprendra, par mes soins, comment on vit sans maître.

Dès que l'âge rendra ses pas moins incertains,

Moi-même je mettrai des flêches dans ses mains ;

Et je lui laisserai, pour unique héritage,

La force & la vertu, les trésors du sauvage.

Je ferai libre alors : mes yeux pourront choisir
Le tranquille bocage, où je voudrai mourir ;
Et, tandis que tes jours, sous les plus doux auspices,
Couleront lentement dans le sein des délices,
Je verrai tous les miens marqués par les douleurs,
Et mes yeux, loin de toi, s'éteindront dans les pleurs.
Ces rochers m'entendront, à mon heure suprême,
Dans mes derniers soupirs, nommer l'ingrat que j'aime.
Heureuse encore, heureuse, infidele Valcour,
D'expirer dans les lieux, où j'ai connu l'amour !

LETTRE IX.

RÉPONSE
DE VALCOUR.

Combien je suis coupable, & combien je m'abhorre !
Et c'est toi qui m'écris ! toi, qui m'aimes encore !
Je pourrois , excusant mon crime & mes froideurs,
T'offrir un pere tendre , expirant dans les pleurs ;
Un pere, qu'au tombeau conduisoit mon absence,
Et qui perdoit en moi son unique espérance :
Mais, il n'est que trop vrai , tous ces prétextes vains
N'ont servi qu'à voiler mes barbares desseins.
Ce cœur , las d'être heureux , las de son innocence,
Eut , j'ose l'avouer , un moment d'inconstance.
Dieu ! qu'il m'a coûté cher ! tout ce que les regrets,
Tout ce que les remords ont de tourmens secrets,
Reproche affreux du cœur , éternelles alarmes,
Combat des sentiments , amertume des larmes,
Va, j'ai tout éprouvé : vain repentir, hélas !
Qui, né de tes malheurs, ne les réparoit pas !
« Puisque tu te repens, viens, accours, qui t'arrête ?

« Détourne, me dis-tu, les maux que l'on m'apprête...»

J'y volois… des devoirs le plus impérieux,

Le plus saint, le plus triste a retardé mes vœux.

Frappé d'un mal soudain, mon respectable pere

A besoin de son fils, pour fermer sa paupiere :

C'est sa mourante main qui m'arrête aujourd'hui ;

Et je ferois pour toi ce que je fais pour lui.

Puisse, au moins, cette Lettre, au gré d'un vent propice,

Devançant le coupable, adoucir ton supplice ;

Ouvrir enfin ton ame aux charmes de l'espoir,

Et préparer l'instant où je dois te revoir !

Depuis le jour fatal, témoin de ma furie,

Apprends quelle douleur empoisonne ma vie ;

Quels ennuis renaissans s'attachent à mes pas…

Et juge si le ciel sait punir les ingrats !

A peine le vaisseau, préparé pour ma fuite,

S'éloigne de la rive, où, tranquille & séduite,

Tu te livrois sans crainte aux erreurs du sommeil,

Je me peins, Zéila, l'horreur de ton réveil.

Il me semble te voir tremblante, échevelée ;

M'appellant d'une voix à peine articulée,

Parcourir tous les lieux, tous les détours secrets,

Où l'amour nous cachoit aux regards indiscrets ;

Errer, interroger la foule indifférente ;

G iv

Montrer à tous les yeux la terreur d'une Amante ;
Et, daignant rappeller un ingrat que tu perds,
Effrayer par tes cris le rivage des mers ;
D'un regard immobile en mesurer l'espace,
Du vaisseau fugitif suivre toujours la trace ;
Et, l'œil noyé de pleurs, attester mes sermens,
Mes sermens, sur les eaux, emportés par les vents.

Je demeure stupide, & ma vue attentive
Ne peut quitter le bord où tu restas captive.
L'air siffle ; un voile immense enveloppe les cieux,
Et ce funeste bord disparoît à mes yeux.
L'espoir fuit : l'art suucombe égaré sous la foudre,
Le voile se déchire, & le mât tombe en poudre.
Le Pilote pâlit à son dernier effort,
Tout tremble, & chaque flot semble apporter la mort.
Je ne vois que toi seule … errant dans les ténébres,
A travers les sanglots & les plaintes funebres,
Je t'entends me crier : « arrête, malheureux ;
» Arrête, & vois les pleurs qui coulent de mes yeux !
» Ai-je donc mérité d'être à ce point trahie ?
» Que t'ai-je fait ? pour toi j'aurois donné ma vie.
» Ingrat, songe à tes jours conservés par ma main ;
» Songe au tendre dépôt, renfermé dans mon sein. »
Alors mon cœur se glace, & tous mes sens frémissent,

Sur mon front pâlissant mes cheveux se hérissent.

« Plongez-moi, m'écriai-je, au plus profond des mers ;

» Puisse-t-on me cacher dans la nuit des enfers !

» Vous périssez par moi ; prenez votre victime :

» Quand le ciel est armé, c'est pour punir le crime.

» J'ai brisé tous les nœuds, enfreint tous les devoirs ;

» J'ai commis, dans un seul, les forfaits les plus noirs.

» Immolez un barbare, & vengez l'innocence ».

A ces éclats succede un farouche silence ;

Et la tempête même, en ce moment d'effroi,

Inspire moins de trouble & moins d'horreur que moi.

Pour surcroît à mes maux, l'air se calme & s'épure.

Le tonnerre est plus sourd, la nue est moins obscure.

Chacun, en cris de joie, exhale son transport ;

Et je regrette seul le naufrage & la mort.

On approche ; mon œil croit déja reconnoître

Les bords, dirai-je heureux, où le ciel m'a fait naître.

Te peindrai-je l'instant, où mon pere éperdu

Retrouve enfin son fils après l'avoir perdu ?

A mon premier aspect, il jette un cri, s'élance.

O mon fils, mon cher fils, ô ma douce espérance !

Dit-il... sa voix se perd ; &, muet, oppressé,

Il me tient, dans ses bras, étroitement pressé.

Ah ! Dieu ! combien alors je me sentis coupable !

De tous les sentimens ô trouble inexprimable !

Repentant, mais, heureux dans le sein paternel......

Il est donc des plaisirs pour un cœur criminel !

Ce vieillard veut en vain, d'un regard plus sévere,

M'interroger, se plaindre, user des droits d'un pere :

La présence d'un fils désarme ses rigueurs.

Quel œil est menaçant, quand il verse des pleurs ?

« Ne troublez-point, lui dis-je, un jour si plein de charmes ,

» Et laissez le reproche expirer dans mes larmes ».

Je tombe à ses genoux ; j'y reste prosterné :

J'implore mon pardon, & tout est pardonné.

    C'est la premiere fois, depuis ma perfidie,

Que j'ai connu la joie & le prix de la vie.

C'est la premiere fois que tes traits éclipsés

Furent, pour un moment, de mon cœur effacés.

Mais bientôt le remords resaisit sa victime ;

Le calme & le bonheur sont-ils faits pour le crime !

Fêtes, plaisirs bruyans, prestige des grandeurs,

Rien ne pouvoit tarir la source de mes pleurs.

En vain quelques beautés, qu'intéressoient mes peines,

D'un air libre & riant, me proposoient des chaînes.

Dans cet âge orageux, où la séduction,

Par un penchant si doux, emporte la raison,

Je sus leur opposer un cœur toujours rebelle,

Les comparer à toi, pour te rester fidelle.
Le ciel, ainsi qu'à toi, leur donna des vertus :
Mais tous ces dons, hélas ! sont par nous corrompus.
Pour mieux nous enchaîner, elles prennent nos vices,
Tournent contre nos cœurs nos propres artifices ;
Et, de nous apprenant la feinte & les détours,
Font de tristes heureux qui se plaignent toujours.

Est-cela cet amour, dont je connus la flâme,
Ce sentiment profond qui se nourrit dans l'ame ;
Qui, conservant toujours le charme des desirs,
Survit à l'habitude, & croît par les plaisirs ?
Sont-ce là ces transports, auxquels tu t'abandonnes ?
Quels baisers seroient doux, après ceux que tu donnes ?

Eloigné de tes yeux, arraché de tes bras,
Je cherchois la nature, & ne la trouvois pas.
Combien je regrettois ces lacs & ces fontaines,
Ces réservoirs des monts épanchés dans les plaines,
Ces immenses vergers, dont les fruits renaissans,
Offroient à notre soif leurs sucs rafraîchissans,
Tous ces riches objets, ornés par l'innocence,
Embellis par l'amour, sur-tout par ta présence ;
Ces antres, ces torrens, ces rocs audacieux,
De leur cime sauvage allant toucher les cieux !
De nos femmes, cent fois, admirant la parure,

Et de leurs vains attraits la coupable impofture ;
Je me repréfentois ces longs cheveux flottans,
Sur ton fein découvert, épars au gré des vents ;
Les faciles replis de ta robe tigrée ,
Voltigeante fans art, & fans foin préparée ,
Lorfque tu revenois m'apporter, au matin,
Et les fleurs & les fruits qu'avoit cueillis ta main.

C'eft ainfi qu'en fecret t'adreffant mon hommage,
Je portois en tous lieux mon crime & ton image.
A des triomphes vains & trop peu faits pour moi,
Je préférois les pleurs que je verfois pour toi.

Un foir, enfeveli dans l'épaiffeur de l'ombre,
J'abandonnois mes fens à l'ennui le plus fombre :
Je reçois... ah ! grand Dieu , quel inftant pour mon cœur ?
Quel mélange inoui d'alégreffe & d'horreur !
Je reçois cette Lettre, où ton ame refpire,
Que l'amour m'adreffa, que l'amour fit écrire ;
Et qui prouve à jamais aux Amans malheureux,
Qu'il n'eft aucun obftacle invincible pour eux.
Elle échappa, cent fois, de ma main défaillante,
J'y lifois, en tremblant, le nom de mon Amante :
Et mes larmes, tombant fur ces traits précieux,
Formoient, à chaque mot, un voile fur mes yeux.
C'eft alors que Valcour, effrayé de lui-même ,

Sentit, plus que jamais, ton infortune extrême.

Une seconde fois je voulus fuir… hélas!

De mon pere, en fuyant, j'avançois le trépas.

Je relifois ta Lettre au lever de l'aurore,

Veillant au sein des nuits, je la lisois encore :

Je ne pouvois quitter ces funestes récits,

Tout mon cœur se troubloit au seul nom de mon fils.

Oui, je croyois le voir, ce fils, si plein de charmes,

Lever ses foibles mains pour essuyer tes larmes,

Tandis que, lui donnant la plus tendre leçon,

Tu lui fais prononcer & répéter mon nom.

Rempli de ces objets, consterné, solitaire,

Je fuyois tous les yeux, même ceux de mon pere.

Obfervant mon filence, épiant mes difcours,

En vain son amitié m'interrogeoit toujours.

Je n'ofois lui parler, je n'ofois lui répondre :

Ses regards m'accabloient, & fembloient me confondre.

Pouvois-je révéler mes horribles fecrets,

Et des malheurs honteux, produits par des forfaits ?

   Un fonge fit enfin ce que je n'ofois faire,

Et du fond de mon cœur arracha ce mystere.

Un fommeil douloureux, fuccédant à mes maux,

Ne me laissoit goûter qu'un pénible repos.

Je te vis : quel afpect ! quelle funebre image !

Sous le même palmier, sur le même rivage,

Où je t'abandonnai, pour chercher, loin de toi,

Les tourmens que mon crime entraînoit après moi.

Sur un lit de gazon ta tête étoit penchée,

Comme une tendre fleur, que les vents ont séchée ;

Tes yeux encor sereins, encor remplis d'amour,

S'éteignoient par degrés, & se fermoient au jour.

Mon nom seul échappoit de ta bouche adorée,

Que le froid de la mort avoit décolorée.

Ton fils, hélas ! ton fils, te caressant en vain,

Et, presqu'inanimé, s'attachoit à ton sein ;

A ton sein épuisé, dont les secours arides

Trompoient l'ardent effort de ses lèvres avides.

Le retenant à peine en tes bras défaillans,

Tu soulevois sur lui tes regards languissans.

Sans appui, sans secours, & privé de son pere,

Il mouroit à côté de sa mourante mere.

« Cher Valcour, disois-tu, vois où tu nous conduits,

» Si tu ne m'aimois plus, que t'avoit fait ton fils ? »

    Tremblant, épouvanté par ces objets terribles,

Je m'éveille à l'instant avec des cris horribles.

« Vertu, nature, amour, ô vous que j'ai trahis,

» O Dieux de Zéïla, soyez tous attendris !

» S'il en est tems encor, rendez vain ce présage ;

» Anéantiſſez-moi ; mais ſauvez votre ouvrage ».

Mon pere entend ces cris ; il accourt effrayé ;

Il me trouve à genoux & dans mes pleurs noyé.

» Que vois-je, me dit-il, d'un ton ferme & ſévere ?

» Expliquez-vous, mon fils, raſſurez votre pere.

» Au nom de tous les droits que le ciel m'a donnés,

» Au nom de mes vieux jours, par vous infortunés,

» Mon fils, arrachez-moi ce ſoupçon qui m'accable,

» Eſt-on ſi malheureux, quand on n'eſt point coupable ?

Mon pere, je le ſuis, m'écriai-je … & ſoudain,

O Zéila, ta Lettre eſt remiſe en ſa main.

A ſes pieds étendu, je les baignois de larmes.

Peins-toi mon tremblement, ma pâleur, mes alarm

« Malheureux, me dit-il, va, cours, franchis les mers,

» Et fuis, loin de mes yeux, au bout de l'univers.

» Ta mere, hélas ! mourut, en te donnant la vie.

» Je ſens que ma carriere eſt près d'être finie.

» Je n'ai que toi... n'importe ; il faut nous ſéparer ;

» De l'aſpect d'un coupable il faut me délivrer.

» Que ferois-je de toi, toi, dont la main parjure

» Aſſaſſina l'amour, outragea la nature ?

» Tremble, tremble aux ſeuls noms & d'épouſe & de fils :

» Ne vois-tu pas leurs pleurs ? n'entends-tu pas leurs cris ?

» Chaque inſtant qui s'écoule accumule tes crimes.

» Cours ; arrache au trépas de si tendres victimes ;

» Va réparer leurs maux ; va briser leurs liens :

» Va, leurs droits confondus sont plus saints que les miens.

 Le feu de ses discours, la douleur qui le presse,

Son trouble & mon aspect accablent sa foiblesse :

Il tombe dans mes bras presque sans mouvement.

Ma chere Zéila, c'est depuis ce moment

Que j'ai, de jour en jour, à trembler pour sa vie ;

Mais l'espérance enfin qui me sembloit ravie,

Apporte quelque calme à mon cœur éperdu :

Mon pere peut renaître, & peut m'être rendu.

 C'est alors, qu'affranchi d'une crainte funeste,

Je pourrai de mes jours te consacrer le reste.

O toi, par qui je vis, mon épouse, ma sœur,

Cet espoir consolant fait tressaillir mon cœur.

Que je vais t'adorer ! que je vais te le dire !

Je dois compte à l'amour de l'air que je respire.

Seul auteur de tes maux, je dois les expier ;

M'en souvenant toujours, te les faire oublier ;

Te reporter les vœux de mon ame asservie,

T'idolâtrer enfin, après t'avoir trahie ;

Ne penser, ne sentir, n'exister que par toi,

Et mériter l'amour... dont tu brûlas pour moi.

Ton fils, eh bien, ton fi's, je crois déja l'entendre,

Ajouter

Ajouter à mon nom le titre le plus tendre.

Je pourrai donc bientôt, au comble de mes vœux,

Vous ferrer dans mes bras, vous réunir tous deux.

Répéte-lui cent fois qu'il va revoir fon pere ;

Mais ne lui dis jamais que j'ai trahi fa mere.

Que mon afpect, hélas ! n'excite point fes cris ;

Et que je puiffe encore être aimé de mon fils !

Mon pere, en l'adoptant, faura fécher tes larmes ;

Il ne pourra jamais réfifter à tes charmes.

Oui, tu feras fa fille ; il t'ouvrira fon cœur :

Avant de te connoître, il eft ton protecteur.

Il nous partagera fon augufte tendreffe ;

Nous fervirons tous deux d'appuis à fa vieilleffe,

Tranquille, tu croiras être encor dans tes bois,

Et nous ferons heureux, quoique foumis aux loix.

Que dis-je ? fi tu veux, confervant tes ufages,

Pour être vertueux, nous refterons fauvages.

Pour confacrer nos nœuds, il fuffit de s'aimer :

Le crime eft de les rompre, & non de les former.

Ton Dieu que j'adorai, commande l'innocence,

Et donne à la vertu l'amour pour récompenfe.

Ton Dieu, fera le mien ; il fera mon bonheur ;

Et je fuivrai les loix qu'il grava dans ton cœur.

Mais, ciel ! fi, confirmant tes funeftes alarmes,

H

On alloit, j'en frémis, enfevelir tes charmes,
Dans ce lieu redoutable, où la tendre beauté,
Ainſi que ſon honneur, pleure ſa liberté :
Où l'amour gémiſſant languit dans les entraves ;
Où les plaiſirs d'un ſeul occupent mille eſclaves !..
Ma chere Zéïla, préviens ce coup affreux.
Zéïla, tombe aux pieds du maître impérieux,
Qui veut te condamner à cette ignominie.
Ah ! ne rougis de rien ; preſſe, pleure, ſupplie ;
Que ton fils, avec toi, s'attache à ſes genoux.
Epuiſe ſur ſon cœur les charmes les plus doux,
Les larmes, les ſoupirs, & même l'artifice.
Pour le vaincre, ſur-tout, flatte ſon avarice :
Dis-lui que ton époux, ton frere, ton amant,
Franchit les vaſtes mers ; qu'il vient en ce moment
Lui porter ta rançon… ô bonheur ! ô tendreſſe !
Pour la premiere fois, je bénis ma richeſſe :
A quel plus digne emploi peut être deſtiné
Cet or, utile enfin, que le ciel m'a donné !
Qu'avec raviſſement je te le ſacrifie !
Au prix de tout mon bien, ſi j'ai ſauvé ta vie,
Si j'ai briſé tes fers, ſi mon fils m'eſt rendu,
Avec tous ces tréſors, je n'aurai rien perdu.
. . . .

Où suis-je ? qu'ai-je appris ? rien ne m'est plus contraire,

Il n'est plus de danger pour les jours de mon pere.

Chere Amante, combien je vais finir de maux !

Cieux ! favorifez-moi ; mer, applanis tes flots ;

Aux vœux de Zéila, ne fois point infidelle ;

C'est une Amante en pleurs... c'est un fils qui m'appelle.

Puisse, puisse le port, où j'ai pu te laisser,

Ma chere Zéila, ne point me repousser,

Comme un monstre odieux, à tes maux infensible !

Qu'il ouvre à ton vengeur son enceinte paisible ;

Et, pour premiers objets, à mes yeux attendris

Présente, sur le bord, mon épouse & mon fils !

LETTRE X.

DE VALCOUR
A SON PERE.

Toi, qui montras le jour à ce cœur éperdu ;
Qui, me faifant rougir, me rendis ma vertu ;
Zéila vit encor ; Zéila m'eft fidelle.
Elle fut malheureufe ; elle eft cent fois plus belle.
Ah ! grand Dieu ! quel tréfor j'avois abandonné !
Juge de fon amour…. elle m'a pardonné.
Je renais : fous mes pas fa main ferme un abîme ;
Un autre air m'environne ; un nouveau fang m'anime.
    Mais, apprends mes dangers, & quels maux j'ai fouffer
Daigne un inftant me voir, égaré fur les mers ;
Par d'affreux fouvenirs épouvanté fans ceffe,
Ne fachant plus fur qui j'appuirois ma foibleffe,
Auffi loin de mon pere, expirant dans les pleurs,
Que de l'objet charmant, trahi par mes fureurs.
J'entendois, tour-à-tour, dans mon ame tremblante,
Et les fanglots d'un pere, & les cris d'une Amante.
C'eft alors, qu'abforbé dans le fein des douleurs,

Je déteſtai mon crime, & vis tous mes malheurs.

Je touche enfin aux lieux, témoins de mon parjure,

Où j'outrageai l'amour, & bravai la nature ;

Où je connus la·honte… à l'aſpect de ces bords,

Je ne pûs contenir ma crainte & mes tranſports.

Confus, pâle, tremblant, incertain ſur la rive,

Je crois, à chaque pas, voir Zéila captive,

Qui, me reconnoiſſant parmi ſes oppreſſeurs,

Se proſterne à mes pieds, les inonde de pleurs ;

Et, par moi ſeul réduite à tant d'ignominie,

Leve vers moi ces mains, qui m'ont ſauvé la vie.

A ce tableau, je cours, dans la foule égaré,

Vers le fatal réduit du tyran abhorré,

Qui retint dans les fers un objet plein de charmes,

Paya le droit cruel de voir couler ſes larmes,

Et courba ſous le joug des plus barbares Loix,

Ce vertueux orgueil, libre au moins dans les bois.

J'entre… ciel ! quel objet devant moi ſe préſente !

Un triſte & foible enfant, que ma vue épouvante…

Horrible ſouvenir !… mon pere… j'en frémis.

Il ſembloit que la crainte eût étouffé ſes cris.

Des traits de Zéila, je crois, ſur ſon viſage,

Entrevoir, reconnoître une confuſe image ;

Et, l'œil noyé de pleurs, dans mon déſordre affreux,

Je prends, entre mes bras, cet enfant malheureux.
Sa bouche me sourit; & sa main me caresse :
Il semble s'étonner, en voyant ma tendresse.

  Son maître accourt, menace, &, prêt à lui parler,
Je sens ma voix s'éteindre; & mon cœur se troubler .
Je l'interroge enfin après un long silence ;
Le cruel ! il m'observe, & quelque tems balance.
Que voulois-je savoir? que m'apprend-il, hélas !..:
« De Zéila, dit-il, l'enfant est dans vos bras :
» Sous les loix du serrail sa mere est enchaînée :
» Au sort le plus brillant le ciel l'a destinée,
» C'est moi qui l'ai vendue ». A ces mots foudroyans,
Le frisson de la mort s'empare de mes sens ...
Mon malheur est au comble : il me rend le courage.
« Sers-moi, dis-je à ce monstre, & venge mon outrage.
» Sous l'habit musulman, utile à mes projets,
» Il faut dans le serrail que je m'ouvre un accès.
» Tout cet or est à toi ». Que ne peut l'avarice?
Séduit par ma promesse, il devient mon complice.
D'un Garde du Palais, il court gagner la foi...
Le salaire est pour eux, les dangers sont pour moi.
Résolu de mourir, quelle eût été ma crainte?
J'avançois, sans trembler, dans cette auguste enceinte,
Qu'habitent les ennuis, & le crime avec eux ;

Dédale teint de fang , palais tumultueux ,
Que baignent , en grondant , les ondes du Bofphore,
Et que la nuit rendoit plus formidable encore.

Dieu ! qu'elle parut lente à mon empreffement !
Au retour du foleil , je me crus , un moment ,
Emporté loin de moi par un pouvoir magique.
A mes yeux fe découvre un périftile antique,
Où les plus doux parfums marioient leurs odeurs
Aux parfums exhalés de cent vafes de fleurs.
Du luxe des Perfans , prodigue en fa richeffe ,
Par-tout fe déployoit la pompeufe moleffe ;
Et la nature & l'art , dans ces vaftes enclos ,
Sembloient , comme au plaifir , inviter au repos.
Qu'il étoit loin de moi ! ... quelle affreufe journée !
Au choix d'une Sultane , elle étoit deftinée.
Déjà , de toutes parts , s'affemble , en ce féjour ,
Ce que la Circaffie a formé pour l'amour ;
La beauté , la fraîcheur , attraits de la jeuneffe ,
Enfevelis dans l'ombre , au fein de la trifteffe.
Mille Efclaves , par ordre , au fon des inftrumens ,
Viennent briguer le prix & lutter d'agrémens.
L'or , en fleurs nuancé , brille dans leur parure ;
L'éclat des diamans enrichit leur ceinture.
L'une , dans fes regards , exprime la fierté ;

H iv

L'autre, ouvre un œil mourant, fait pour la volupté.

Mais toutes, sur leur front, peignent la jalousie,

L'inépuisable ardeur de la coquetterie,

Le passage éternel de la crainte à l'espoir,

Le vuide affreux du cœur, le desir du pouvoir,

Le caprice, le goût des intrigues fatales,

Et, sur-tout, le projet d'éclipser leurs rivales.

  Une seule fuyoit ce concours odieux,

Et sembloit dédaigner la pompe de ces lieux.

Un voile rabattu me déroboit ses charmes,

Mais ne pouvoit cacher son désordre & ses larmes.

Combien son abandon me parut séduisant !

Et quelle grace encor dans son accablement!

Sur un marbre voisin elle étoit appuyée,

Plaintive, solitaire, & pourtant enviée.

A ce nouvel aspect, tout mon cœur se troubla :

Une secrette voix me nommoit Zéila.

Oubliant le serrail & sa contrainte austere,

Je voulus mille fois découvrir ce mystere,

Détacher, déchirer ce voile trop jaloux,

Et de la jeune esclave embrasser les genoux.

Ce sentiment trop prompt, par un autre s'efface.

Un Dieu, sans doute, un Dieu suspendit mon audace....

Le Sultan a paru : Monarque infortuné,

Il leve un front superbe, & voit tout prosterné.

Sur mille objets charmans que sa Cour lui présente,

Il promene, au hazard, sa vue indifférente.

Morne, au sein des grandeurs, sans amour, sans desirs,

Il paroît accablé de l'ennui des plaisirs.

Sur l'esclave voilée, enfin, son œil s'arrête ;

Et par le Visir même elle apprend sa conquête.

Le voile tombe. O ciel ! à ce seul souvenir,

Je sens mon cœur encor palpiter & frémir.

Que vois-je ? Zéila, Zéila gémissante,

Repoussant de ce choix la marque avilissante,

Pleurant son infortune & son titre fatal !

« Sultan, à tes genoux, reconnois ton rival,

» M'écriai-je ; punis un jeune téméraire,

» Qu'irrite le malheur, qui brave ta colere.

» J'aime ; je suis François ; je ne redoute rien.

» Mon trésor le plus cher, & mon unique bien,

» Me sont ravis par toi : cette esclave est ma femme.

» Du plus noir des forfaits j'avois payé sa flâme.

» Rends-moi l'honneur, rends-moi l'objet de mon amour ;

» Ou, qu'à tes pieds, Sultan, on m'arrache le jour ».

Tandis que je parlois, ma Zéila mourante

Rappelloit vainement sa force défaillante.

Je tremblois. Le Sultan, plus surpris qu'irrité,

De divers mouvemens paroiſſoit agité.

Si le farouche orgueil lui demande vengeance,

La généroſité l'invite à la clémence.

Tout ſe tait : il s'approche, &, calmant mon effroi,

Ses regards, ſans courroux, viennent tomber ſur moi.

Jeune homme, me dit-il, j'excuſe ton courage ;

Ton audace me plaît : je pardonne à ton âge.

Tes remords & tes feux déſarment ma fierté.

Je te rends ton épouſe, avec ta liberté,

J'avois fixé mon choix ; je te le ſacrifie.

Comblé de mes préſens, retourne en ta patrie.

Ne crains rien : vas, mon cœur ſait être généreux ;

Et du moins, en ce jour, j'aurai fait un heureux.

Je ne me connois plus, &, même en ſa préſence,

Je vole à Zéïla, dans ſon ſein je m'élance.

Le ſeul ſon de ma voix ranime ſes appas :

Elle ouvre la paupiere, & me voit dans ſes bras.

Quel moment ! ô mon pere ! oſerai-je pourſuivre ?

A de ſi grands plaiſirs, comment peut-on ſurvivre ?

Mille avides regards ſe confondent ſur nous.

Zéïla s'embellit en des inſtans ſi doux.

Celles, dont ſes attraits armoient la jalouſie,

Témoins de mes tranſports, lui portent plus d'envie,

Et regrettent ces bords, ces climats trop charmans,

Où la beauté commande à de pareils Amans.

Avec sa Cour alors le Sultan se retire.

Aux jardins du serrail il nous fait introduire…

Nous voilà seuls enfin ! L'aspect de ces beaux lieux,

Les dons d'un autre sol, semés sous d'autres cieux,

Tout disparut pour moi : je voyois mon Amante,

Moi-même, je guidois sa démarche tremblante.

Doucement attirés par la main de l'amour,

Sous un berceau plus sombre, & loin des traits du jour,

Nous fuyons tous les yeux : c'est là que, dans l'ivresse,

Où de deux cœurs unis s'égare la tendresse,

D'une commune ardeur, l'un vers l'autre élancés,

Recueillis, & muets, nous restons embrassés.

C'est là, qu'à mes transports Zéila s'abandonne.

L'amour demande grace, & la vertu pardonne.

  Mais au sein des plaisirs, nous répandions des pleurs;

La nature bientôt jette un cri dans nos cœurs…

Nous courons vers mon fils : quels transports ! quelle joie !

Sur son front innocent le bonheur se déploie.

Sa mere, de ses bras, le portoit dans les miens,

Et mes tendres baisers le disputoient aux siens.

La douleur consumoit son enfance asservie :

Dans nos soins caressans il retrouve la vie.

Il devient moins timide, en devenant heureux,

Et ſes nouveaux deſtins ſont écrits dans nos yeux....

Qu'ai-je appris ? du Sultan la noble bienveillance,

Pour quelques jours encore exige ma préſence.

Des bords que j'ai quittés il veut m'entretenir :

Heureux par ſes bontés, je lui dois obéir.

Libre de ce tribut, de ce devoir auguſte,

Je cours en remplir un & plus ſaint & plus juſte.

O vieillard adoré, dans tes bras je revien

Achever mon bonheur, en m'occupant du tien.

LE TRIOMPHE
DE L'HÉROISME ET DE L'AMOUR.
POEME LYRIQUE.

Mars fait retentir son tonnerre,

Il a déployé ses drapeaux ;

Ton coursier hennissant, du pied frappe la terre :

Hé bien, pars… l'Amant doit se taire ;

Voici le moment du héros.

De mes mains reçois ton épée,

Et du sang ennemi rapporte-la trempée.

Mets ta main sur mon cœur ; il palpite d'amour :

Le tien doit palpiter du desir de la gloire.

Ton front va ceindre dans ce jour

Tous les lauriers de la victoire.

Je crois voir le Dieu des combats :

Va, cours ; vas, mon ardeur à la tienne est égale ;

La gloire est ma seule rivale :

Que ne puis-je, avec elle, accompagner tes pas ?

O mes larmes, coulez, coulez en son abfence.

L'effroi s'empare de mon cœur.

Qu'il m'a fallu d'efforts pour cacher ma douleur,

Et pour la contraindre au silence !

Que dis-je ? il va combattre ; il reviendra vainqueur.

Le tambour bat : le clairon sonne.

L'œil en feu, les bras nuds, l'implacable Bellonne

Verse la soif du sang dans les cœurs agités ;

Les traits volent de tous côtés :

L'airain vomit la mort, & le glaive la donne.

Erynnis a déjà secoué son flambeau :

Déjà les deux partis, respirant la vengeance,

Ont, dans un farouche silence,

Mesuré, sans pâlir, leur immense tombeau...

Cher Amant, c'est moi qui t'en presse :

Affronte des périls dont la gloire est le prix :

Vas, tu combats pour ton pays,

Sous les regards de ta maîtresse....

Mais je vois s'avancer dans un noble appareil,
Une forêt d'armes étincellantes,
Et l'étendart qui flotte entre des mains fanglantes,
Etale fon azur aux rayons du foleil.

De ces braves guerriers, que la marche eft augufte!
Parmi leurs efcadrons j'apperçois mon Amant...
C'eft lui! le ciel m'exauce, & la fortune eft jufte.
Jeune & victorieux, qu'un héros eft charmant!
Ce n'eft plus Mars : c'eft Adonis lui-même :
Seul arbitre de mon deftin,
Toi, mon appui, mon bien fuprême,
Viens te repofer dans mon fein ;
Attire à toi l'ame qui t'aime ;
Laiffe un moment la palme échapper à ta main.

La palme! elle eft à moi : c'eft le prix de mes larmes.
Que tu m'enorgueillis, & combien tu me plais !
Pour moi ce front hâlé conferve mille attraits.
Il eut à mes yeux moins de charmes,
Lors qu'affis près de moi fous des ombrages frais,
A des berceaux de fleurs tu fufpendis tes armes.

Laiſſe, laiſſe au haſard voltiger tes cheveux :
      Va, leur déſordre eſt leur parure ;
Ils ont bien plus de grace, épars à l'aventure,
Que ſi la main de l'art en arrangeoit les nœuds.
Tu ſouris ? Le vainqueur deſcend à ma foibleſſe !
Quel eſt donc ce ruban? comme il m'enlace à toi !...
Il ornoit ton trophée, il eſt ſacré pour moi :
      Tu le devois à ma tendreſſe.

Que je vais la chérir, cette écharpe guerriere !
Qu'un ſi bel ornement ſied dans un ſi beau jour !
Tu veux, par ce lien, dont ton Amante eſt fiere,
Enchaîner à jamais la gloire avec l'amour.

Le ciel eſt plus brillant ! la lumiere eſt plus pure !
Mille flêches de feu ſe croiſent dans les airs !
Les oiſeaux amoureux agitent la verdure.
Un délire muet ſuccede à leurs concerts ;
Le flot ſe mêle au flot avec un doux murmure,
Et des riantes fleurs les calices ouverts,
Vont parfumer au loin le ſein de la nature.

O

O langueur !… ô calme enflammé !
C'eſt la volupté qu'on reſpire.
Viens… lis dans mes regards l'ardeur qu'elle m'inſpire…
Jamais tu ne fus tant aimé.

Je ſuccombe … l'amour me couvre d'un nuage ;
Mes yeux ſont inondés d'une humide vapeur :
Où ſuis-je ? autour de moi je ſens fuir ce bocage…
Et mon Amant, lui ſeul, eſt préſent à mon cœur …

Arrête… épargne ma foibleſſe…
Quel plaiſir, quel bonheur vaut ce recueillement,
Où le tranſport fait place à la délicateſſe,
Où l'ame ſe rend compte… où le tranquille Amant
Etant plus à lui-même, eſt plus à ſa maîtreſſe !
C'eſt alors qu'il jouit plus amoureuſement,
Qu'il parle, de plus près, au cœur qu'il intéreſſe.
Et qu'il donne à ſon ſentiment
Ce qu'il dérobe à ſon ivreſſe.

Dieu! quel revers soudain vient troubler ce séjour!

Ces drapeaux menaçans, ces glaives homicides,

Des vaincus ralliés annoncent le retour.

Tu voles, loin de moi, vers leurs chefs intrépides :

Ils font couler mes pleurs !.. ils mourront, les perfides.

Malheur à l'ennemi qui t'arrache à l'amour !

Que vois-je?.... contre lui , quelle foule animée !

Ciel ! le nombre l'accable ! ô désordre ! ô fureur !

Il se débat. Il tombe !.... est-il mort ou vainqueur ?

Pour le vaincre lui seul , faut-il donc une armée?

Barbares !... il triomphe : il marche environné

De morts & de mourans entassés sur l'arene.

Ouvrez-vous, champs de gloire où son œil se promene:

Bellonne en est jalouse, & Mars l'a couronné.

Un Guerrier, à genoux, lui demande la vie...

Fais grace ; il en est digne ; il t'osa résister.

Laisse par la pitié désarmer ta furie :

Peut-être, en ce moment, une Amante chérie

Le redemande aux Dieux que tu dois imiter.

Jouis, rends le bonheur à leur ame attendrie:

Par toi tout est vaincu; finis par te dompter.

Il ne te manque rien; tu pleures! tu pardonnes!

Tu pleures!…ah! pourfuis, aime & fers la vertu.

Connois la bienfaifance, offre lui tes couronnes;

Releve l'ennemi, fous tes coups abattu.

Viens, étanche le fang, & lave les bleffures.

Si tu n'étois que grand, je t'aurois admiré.

Senfible, je t'adore: oui, tes palmes font pures;

Oui, ton autel eft prêt, & l'amour l'a paré.

Renommée, en contant le fuccès de fes armes,

Ne tais point de fon cœur ce noble mouvement.

Dans fon triomphe même il a verfé des larmes!…

A l'Univers entier, dis qu'il eft mon Amant.

F I N.

MELANGES.
PAR
Mᴿ. DORAT.